Gwneud y gorau o'r llyfr hwn

Rhaid i bawb benderfynu ar ei strategaeth adolygu ei hun, ond mae'n hanfodol edrych eto ar eich gwaith, dysgu ffeithiau allweddol a phrofi eich dealltwriaeth. Bydd y Nodiadau Adolygu hyn yn eich helpu chi i wneud hynny mewn ffordd drefnus, fesul testun. Gallwch chi wirio eich cynnydd drwy roi tic yn ymyl pob adran wrth i chi adolygu.

Ticio i dracio eich cynnydd

Defnyddiwch y rhestr wirio adolygu ar dudalennau 4–6 i gynllunio eich adolygu, fesul testun. Ticiwch bob blwch pan fyddwch chi wedi:

- adolygu a deall testun
- profi eich hun
- ymarfer y cwestiynau Profi eich hun a mynd i'r wefan i wirio eich atebion.

Gallwch chi hefyd gadw trefn ar eich adolygu drwy roi tic wrth ymyl pennawd pob testun yn y llyfr. Efallai y bydd yn ddefnyddiol i chi wneud eich nodiadau eich hun wrth i chi weithio drwy bob testun.

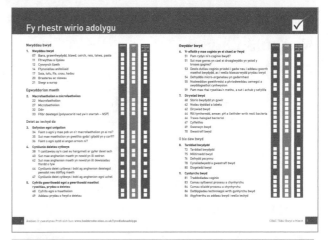

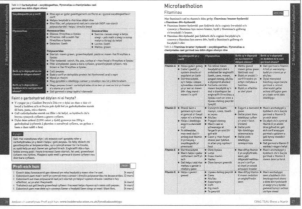

Nodweddion i'ch helpu chi i lwyddo

Cyngor

Rydyn ni'n rhoi cyngor gan arbenigwyr drwy'r llyfr cyfan i'ch helpu chi i wella eich techneg arholiad er mwyn rhoi'r cyfle gorau posibl i chi yn yr arholiad.

Camgymeriadau cyffredin

Bydd yr awdur yn tynnu sylw at gamgymeriadau cyffredin y mae ymgeiswyr yn eu gwneud, ac yn esbonio sut i'w hosgoi.

Profi eich hun

Cwestiynau byr sy'n gofyn am wybodaeth yw'r rhain, a dyma'r cam cyntaf i chi brofi faint rydych chi wedi'i ddysgu. Mae'r atebion ar gael ar y wefan.

Geiriau allweddol

Mae geiriau allweddol o'r fanyleb mewn print trwm drwy'r llyfr cyfan.

Gwefan

Ewch i'r wefan i wirio eich atebion i'r cwestiynau Profi eich hun: **www.hoddereducation.co.uk/ fynodiadauadolygu**

Fy rhestr wirio adolygu

Atebion i'r cwestiynau Profi eich hun: **www.hoddereducation.co.uk/fynodiadauadolygu**

Gwyddor bwyd

O ble daw bwyd

ADOLYGU

PROFI

YN BAROD AR GYFER YR ARHOLIAD

Coginio a pharatoi bwyd

Llwyddo yn yr arholiad

Cwestiynau enghreifftiol, atebion enghreifftiol a chynlluniau marcio

1 Nwyddau bwyd

Nwyddau bwyd yw'r bwydydd sylfaenol yn ein deiet pob dydd.

Bara, grawnfwydydd, blawd, ceirch, reis, tatws, pasta

Bara

ADOLYGU

- Mae bara yn cael ei fwyta yn rheolaidd yn ein deiet, ac mae'n cyfrannu'n sylweddol ato, felly mae'n un o'r **prif fwydydd**.
- Gallwch chi ei ddefnyddio mewn sawl ffordd.
- Gall fod yn felys neu'n sawrus, a gallwch chi ychwanegu blas ato, er enghraifft, drwy ychwanegu caws. Gallwch chi ychwanegu topins ato hefyd, fel hadau pabi.

Ffigur 1.1 Cynnyrch bara

Mae bara yn cael ei wneud o does. Dyma'r cynhwysion:
- blawd
- halen
- burum
- hylif.

Dŵr yw'r hylif fel arfer, ond mae'n bosibl defnyddio llaeth hefyd.

Bydd y cynhwysion yn cael eu cymysgu â'i gilydd i greu toes a fydd yn cael ei dylino, ei adael i godi, ei dylino eto, ei siapio, ei adael i godi eto ac yna ei bobi.

Gwerth maethol bara

Mae bara yn dod o dan adran carbohydradau startsh y Canllaw Bwyta'n Dda. Mae hefyd yn cynnwys rhywfaint o brotein, fitaminau grŵp B, calsiwm a haearn. Mae bara cyflawn yn cynnwys ffibr.

Storio bara

- Bara ffres: mewn bin bara neu fag papur wedi'i selio.
- Bara wedi'i sleisio o'r archfarchnad: mewn bag plastig.
- Gallwch chi rewi bara am hyd at ddau fis.
- Mae bara yn sychu ac yn mynd yn hen yn weddol gyflym.

Grawnfwydydd

ADOLYGU

Yn y DU, rydyn ni'n tyfu gwenith, barlys, ceirch a rhyg. Bydd y rhan fwyaf o'r rhain yn cael eu prosesu i greu bwydydd eraill cyn i ni eu bwyta.

Ffigur 1.2 Planhigion grawn gwahanol

Gwerth maethol grawnfwydydd

Mae grawnfwydydd yn cynnwys ffibr, carbohydrad, protein Gwerth Biolegol Isel (*LBV: Low Biolegol Value*) (protein planhigion sy'n cynnwys rhai o'r asidau amino hanfodol yn unig), fitaminau grŵp B, fitamin E, braster a haearn.

Storio grawnfwydydd

Os na fydd grawnfwydydd yn cael eu storio'n gywir, gallan nhw fynd yn hen, gael eu halogi gan facteria a llwydni, neu ddatblygu arogleuon gwahanol.

- Dylech chi storio grawnfwydydd mewn lle sych ac oer, mewn cynhwysydd aerglos (*airtight*).
- Dylech chi gadw grawnfwydydd hen a newydd ar wahân.
- Gwiriwch y dyddiad 'gwerthu erbyn' neu'r dyddiad 'defnyddio erbyn' bob amser.

Blawd

ADOLYGU

Rhyg neu wenith yw prif gynhwysyn blawd. Mae dau brif fath:
- Blawd cryf, sy'n cael ei ddefnyddio i wneud bara. Mae'n cael ei wneud o wenith y gaeaf, sy'n galed.
- Blawd gwan, sy'n cael ei ddefnyddio i wneud teisennau, crwst a bisgedi. Mae'n cael ei wneud o wenith y gwanwyn.

Atebion i'r cwestiynau Profi eich hun: **www.hoddereducation.co.uk/fynodiadauadolygu**

Gwerth maethol blawd

- Mae blawd cryf yn cynnwys y protein **glwten**. Bydd y glwten yn ymestyn wrth dylino toes y bara, a dyma sy'n creu adeiledd y bara.
- Yn y DU, mae blawd gwyn yn cael ei **atgyfnerthu** â haearn, calsiwm a thiamin a niacin, sy'n fitaminau grŵp B, am eu bod nhw'n cael eu colli yn ystod y broses o droi'r gwenith yn flawd.
- Mae blawd cyflawn yn cynnwys holl fran y gwenith, felly mae ganddo **gyfradd echdynnu** o 100%.
- Mae'r bran, y bywyn, y braster a rhai o'r mwynau yn cael eu tynnu o flawd gwyn, felly cyfradd echdynnu o 75% sydd ganddo.

Storio blawd

- Dylech chi storio blawd mewn lle sych ac oer, yn ei ddefnydd pecynnu gwreiddiol mewn cynhwysydd wedi'i selio, i atal gwyfyn yr ŷd rhag ei ddifetha.
- Gwiriwch y dyddiad 'defnyddio erbyn'. Mae blawd cyflawn yn cynnwys braster, felly gall suro wrth heneiddio.
- Peidiwch byth â chymysgu blawd hen a newydd.

Ceirch ADOLYGU

Cyn i ni allu defnyddio ceirch, rhaid tynnu'r plisgyn amddiffynnol sy'n gorchuddio'r gronynnau.
- Gallwch chi rolio ceirch neu eu malu i gynhyrchu blawd ceirch. Mae'n cael ei ddefnyddio i wneud uwd neu fflapjacs.
- Gallwch chi ddefnyddio fflawiau (*flakes*) mawr o geirch i wneud grawnfwydydd brecwast fel miwsli.
- Gallwch chi gynhyrchu blawd ceirch mân drwy falu'r gronynnau, neu drwy eu prosesu mewn prosesydd bwyd. Gallwch chi ddefnyddio'r blawd hwn i wneud nwyddau wedi'u pobi, fel bisgedi a sgons.

Gwerth maethol ceirch

Mae ceirch yn cynnwys carbohydrad, yn ogystal â rhywfaint o brotein, braster, calsiwm, haearn a rhai fitaminau grŵp B. Mae'r carbohydradau startsh mewn ceirch yn ffynhonnell o egni sy'n cael ei ryddhau'n araf.

Ffigur 1.3 Ceirch

Storio ceirch

- Storiwch y ceirch mewn lle sych ac oer.
- Storiwch y ceirch mewn cynhwysydd aerglos ar ôl agor y pecyn.

Reis ADOLYGU

- Mae reis yn un o'r prif fwydydd, oherwydd mae'n rhan bwysig o ddeiet pobl ym mhedwar ban y byd.
- Mae ganddo blisgyn allanol sy'n cael ei dynnu wrth ei brosesu.
- Gallwch chi ei ddefnyddio i wneud bwyd melys a sawrus.
- Gallwch chi ei ferwi, ei bobi neu ei dro ffrio.
- Gallwch chi brynu reis grawn byr neu reis grawn hir.

Gwerth maethol reis

Carbohydrad yw reis, felly mae'n ffynhonnell wych o egni.

Storio reis

Storiwch y reis mewn lle sych ac oer, mewn cynhwysydd aerglos, ar ôl agor y pecyn.

Tatws

ADOLYGU

- Mae tatws yn un o'r prif fwydydd.
- Maen nhw'n cael eu tyfu yn y DU ac mae sawl math gwahanol i'w gael. Mae'r mathau gwahanol yn cael eu defnyddio ar gyfer dulliau gwahanol o goginio.
- Gallwch chi bobi, berwi, rhostio neu ffrio tatws.

Ffigur 1.4 Mathau gwahanol o datws

Gwerth maethol tatws

Mae tatws yn cynnwys carbohydradau startsh, fitamin C, fitamin B_6 a thiamin, ac mae'r croen yn cynnwys ffibr.

Storio tatws

- Dylech chi storio tatws mewn lle sych, oer a thywyll, gyda digon o aer. Gallan nhw droi'n wyrdd ac yn wenwynig os ydyn nhw'n cael eu storio mewn man golau. Dylech chi dynnu'r darnau gwyrdd cyn coginio tatws.
- Bydd storio tatws mewn bagiau plastig yn gwneud iddyn nhw chwysu a llwydo.

Pasta

ADOLYGU

- Mae pasta yn cael ei wneud o wenith cryf o'r enw **gwenith caled** (*durum wheat*). Mae'r math hwn o wenith yn cynnwys mwy o brotein.
- I wneud pasta, mae angen blawd gwenith caled, dŵr, halen, ac weithiau wyau ac olew.
- Gallwch chi hefyd ddefnyddio sbigoglys, tomato ac inc môr-lawes (*squid*) i liwio pasta.
- Gallwch chi brynu pasta sych a phasta ffres mewn nifer o siapiau gwahanol.

Gwerth maethol pasta

Mae pasta yn cynnwys carbohydradau startsh. Mae pasta cyflawn yn cynnwys ffibr.

Storio pasta

- Pasta sych: mewn cynhwysydd aerglos ar ôl agor y pecyn.
- Pasta ffres: yn yr oergell.
- Pasta cartref: dylech chi ei sychu a'i storio yn yr oergell mewn cynhwysydd aerglos.
- Gallwch chi rewi pasta ffres a phasta cartref.

> **Cyngor**
>
> Mae'n bosibl y bydd cwestiwn am fara, grawnfwydydd, blawd, ceirch, reis, tatws a phasta yn gofyn i chi am brif fwydydd gwledydd gwahanol. Reis yw un o'r prif fwydydd yng ngwledydd Asia, am fod yr hinsawdd yn addas i dyfu reis. Yn y DU, mae'r hinsawdd yn addas i dyfu gwenith a thatws, felly mae'r rhain yn rhan bwysig o'n deiet ni. Bydd angen i chi feddwl am resymau pam mae prif fwydydd yn cael eu bwyta.

Profi eich hun

PROFI

1 Trafodwch fanteision maethol cynnwys tatws yn eich deiet chi. [4 marc]
2 Esboniwch pam mae blawd gwyn yn cael ei atgyfnerthu yn y DU. [2 farc]
3 Rhestrwch ddau ddull o goginio reis, ac awgrymwch rysáit ar gyfer pob un o'r dulliau hyn. [4 marc]
4 Rhowch un rheswm pam gallai bwyta mwy o basta cyflawn fod o fudd i'ch deiet chi. [2 farc]

Ffrwythau a llysiau

- Gallwch chi brynu ffrwythau a llysiau ffres, wedi'u rhewi, mewn tun, fel sudd neu wedi'u sychu.
- Mae rhai'n **dymhorol**, sy'n golygu mai dim ond ar rai adegau o'r flwyddyn y maen nhw ar gael.
- Mae rhai ffrwythau a llysiau'n cael eu tyfu yn y DU.
- Mae rhai ffrwythau a llysiau'n cael eu mewnforio o wledydd tramor.

Ffrwythau

ADOLYGU

Gwerth maethol ffrwythau

Bydd bwyta amrywiaeth o ffrwythau o wahanol fath a lliw, yn sicrhau fitaminau A, C ac E, carbohydrad, ffibr a rhai mwynau yn eich deiet.

Storio ffrwythau

- Ffrwythau citrws fel oren, lemon a leim: mewn lle sych ac oer.
- Ffrwythau aeron fel mafon a mefus: yn yr oergell.
- Ffrwythau caled fel afalau a gellyg: allan o olau uniongyrchol yr haul, neu yn yr oergell.
- Ffrwythau carreg fel eirin ac eirin gwlanog: mewn powlen ffrwythau neu yn yr oergell.
- Ffrwythau egsotig fel bananas a phinafal: mewn powlen ffrwythau.

Ffigur 1.5 Ffrwythau trofannol

Llysiau

ADOLYGU

Mathau o lysiau

Tabl 1.1 Mathau o lysiau

Math o lysiau	Enghreifftiau
Dail	Bresych, letys
Cloron	Tatws
Gwreiddiau	Moron, maip
Coesau	Asbaragws, seleri
Blodau	Blodfresych, brocoli
Ffrwythau a hadau	Pys, courgettes
Ffyngau	Madarch

- Mae Cymru yn adnabyddus am dyfu cennin. Mae'n un o brif lysiau'r wlad, ac yn cael ei ddefnyddio i greu Selsig Morgannwg.
- Yng Nghymru, mae gwymon bwytadwy o'r enw lafwr yn cael ei gasglu a'i brosesu yn fasnachol. Bydd yn cael ei ddefnyddio i greu bara lawr (*laverbread*). Fel arfer, mae pobl yn rhoi blawd ceirch ar fara lawr, cyn ei gynhesu mewn braster cig moch poeth a'i weini gyda chig moch i frecwast neu i swper. Mae'r gwymon ei hun ar gael ar rannau o arfordir y gorllewin, yn glynu wrth y creigiau pan fydd y llanw'n isel.

Gwerth maethol llysiau

Bydd bwyta amrywiaeth o lysiau o wahanol fath a lliw, yn sicrhau fitaminau A, C ac E, carbohydrad, ffibr a rhai mwynau yn eich deiet. Gall llysiau wedi'u rhewi fod mor faethlon â llysiau ffres.

Storio llysiau

- Dylech chi storio'r rhan fwyaf o lysiau mewn lle sych ac oer, gyda digon o aer.
- Dylech chi storio salad a llysiau gwyrdd yn yr oergell. Bydd llysiau dail gwyrdd yn colli fitamin C yn gyflym wrth heneiddio.
- Dylech chi fwyta llysiau pan fyddan nhw mor ffres â phosibl, er mwyn gwneud y gorau o'u gwerth maethol.

Cynnyrch llaeth

Llaeth

- Yn y DU, llaeth buwch sy'n cael ei ddefnyddio yn bennaf. Mae sawl math o laeth buwch i'w gael, fel llaeth cyflawn, llaeth hanner sgim a llaeth sgim.
- Mae mathau eraill o laeth ar gael, fel llaeth gafr, neu laeth heb unrhyw gynnyrch llaeth ynddo, fel llaeth reis, llaeth almon a llaeth soia.
- Rhaid trin llaeth â gwres i ladd bacteria niweidiol, cyn gallu ei yfed yn ddiogel.
- Bydd llaeth wedi'i basteureiddio yn cael ei gynhesu i dymheredd o 72°C am 15 eiliad, cyn ei oeri'n gyflym i dymheredd o dan 10°C a'i roi mewn poteli neu gartonau.
- Bydd llaeth sydd wedi'i drin â gwres eithafol *(UHT: Ultra High Temperature)*, neu laeth oes hir, yn cael ei gynhesu i dymheredd o 132°C am 1 munud, cyn ei oeri'n gyflym a'i becynnu o dan amodau di-haint. Bydd yn para am fisoedd lawer, nes bydd yn cael ei agor.

Ffigur 1.6 Llaeth

Gwerth maethol llaeth

Mae llaeth yn cynnwys protein Gwerth Biolegol Uchel *(HBV: High Biological Value)*, braster, siwgr ar ffurf lactos, fitaminau A a D, rhai fitaminau grŵp B ac ychydig o fitamin C, calsiwm, potasiwm ac ychydig bach o haearn.

Storio llaeth

- Llaeth ffres: yn yr oergell, a'i yfed cyn y dyddiad 'defnyddio erbyn'.
- Carton *UHT*: mewn lle sych ac oer. Ar ôl ei agor, dylech chi ei drin fel llaeth ffres a'i gadw yn yr oergell.

Caws

ADOLYGU

- Mae caws yn cael ei wneud o laeth wedi'i eplesu.
- Mae ensymau'n cael eu hychwanegu i **ddadnatureiddio** y protein, gan greu cynnyrch solet. Yna, bydd cyflasynnau (*flavourings*) yn cael eu hychwanegu i greu mathau gwahanol o gaws.
- Mae cannoedd o fathau gwahanol o gaws yn cael eu cynhyrchu yn y DU ac o amgylch y byd.
- Gall caws roi blas, lliw a gwead i brydau bwyd, yn ogystal â darparu gwerth maethol.
- Mae caws yn un o fwydydd traddodiadol Cymru ac mae'r rhai mwyaf llwyddiannus, o'r cawsiau lleol mwyaf adnabyddus fel caws Caerffili, Tyndyrn ac y Fenni, i gawsiau lleol eraill fel Black Bomber a chaws Perl Las, yn cael eu cynhyrchu gan ddefnyddio llaeth o Gymru.

Ffigur 1.7 Mathau gwahanol o gaws

Gwerth maethol caws

Mae caws yn cynnwys protein *HBV*, calsiwm, lefelau amrywiol o botasiwm a sodiwm (gan ddibynnu ar y math o gaws), fitaminau A a D, a rhai fitaminau grŵp B (gan ddibynnu ar y math o gaws). Mae gan gaws gynnwys braster uchel.

Storio caws

- Rhaid storio caws yn yr oergell.
- Bydd caws caled yn para'n hir, ond rhaid ei lapio rhag iddo sychu.
- Fydd caws meddal ddim yn para mor hir, a dylech chi ei fwyta o fewn ychydig ddyddiau.

Iogwrt

ADOLYGU

- Mae iogwrt yn cael ei wneud drwy ychwanegu bacteria 'llesol' at laeth.
- Mae hyn yn achosi iddo eplesu drwy drawsnewid y siwgr yn y llaeth (lactos) yn asid lactig, fydd yn dadnatureiddio'r protein ac yn achosi iddo setio.

Mathau o iogwrt

- Mae'n bosibl gwneud iogwrt o fathau gwahanol o laeth.
- Bydd iogwrt wedi setio yn cael ei setio yn y pot y mae'n cael ei werthu ynddo. Yn aml, bydd cyflasynnau, ffrwythau a siwgr yn cael eu hychwanegu ato.
- Mae iogwrt byw yn cynnwys bacteria byw, a all fod o les i'ch system dreulio chi.
- Mae iogwrt Groegaidd yn dewach. Mae ganddo gynnwys braster uwch, ac mae'n cael ei wneud o laeth buwch neu laeth dafad.

Gwerth maethol iogwrt

Mae iogwrt yn cynnwys protein *HBV*, lefelau amrywiol o fraster (gan ddibynnu ar y math o iogwrt), calsiwm, siwgr (lactos), fitaminau A a D, rhai fitaminau grŵp B a fitamin E os yw'n iogwrt llaeth cyflawn.

Storio iogwrt

- Dylech chi ei storio yn yr oergell.
- Dylech chi ei fwyta cyn y dyddiad 'defnyddio erbyn'.

> **Cyngor**
>
> Mae'n bosibl y bydd gofyn i chi awgrymu cynnyrch i'w ddefnyddio yn lle cynnyrch llaeth, sy'n addas ar gyfer fegan neu rywun sydd ag anoddefedd lactos.
>
> Cofiwch esbonio'n fanwl pam na all y person fwyta'r cynhwysyn yn y rysáit wreiddiol, beth rydych chi'n ei ddefnyddio yn ei le, a pham mae'r cynhwysyn newydd yn addas ar gyfer y person dan sylw.

Profi eich hun

PROFI

1 Rhestrwch dri o'r maetholion sydd mewn llaeth.   [3 marc]
2 Awgrymwch un rysáit sawrus ac un rysáit melys sy'n defnyddio llaeth fel un o'r prif gynhwysion.   [2 farc]
3 Esboniwch sut mae iogwrt yn cael ei wneud.   [4 marc]
4 Enwch ddau fath o gaws o Gymru.   [2 farc]

Ffynonellau anifeiliaid

Cig

- Yr anifeiliaid sy'n cael eu magu ar gyfer eu cig yn y DU yw gwartheg (cig eidion neu gig llo), defaid (cig oen neu gig dafad) a moch (porc, cig moch, gamwn neu ham).
- Mae cig wedi'i wneud o ffibrau cyhyrol, meinweoedd cyswllt a braster.
- Mae'r braster naill ai'n **weladwy**, er enghraifft y braster sydd i'w weld ar ymyl stêc, neu'n **anweladwy**. Mae braster anweladwy yn y meinweoedd cyswllt; marmori yw'r enw ar hyn.
- Hyd y ffibrau cyhyrol sy'n pennu pa mor wydn yw'r cig: bydd ffibrau hir yn y coesau yn fwy gwydn na ffibrau yn y cefn. Bydd angen coginio darnau mwy gwydn o gig yn araf, i'w gwneud yn dyner.
- Mae cig yn fwyd risg uchel. Rhaid ei baratoi a'i goginio'n gywir i osgoi gwenwyn bwyd.
- Mae'r Comisiwn Ewropeaidd wedi rhoi Dynodiad Daearyddol Gwarchodedig (*PGI: Protected Geographical Indication*) i gig oen a chig eidion Cymru. Pan fydd ŵyn a lloi yn cael eu geni yng Nghymru, byddan nhw'n cael eu tagio a'u logio. Felly, mae modd eu hadnabod drwy gydol eu hoes ac yn ystod y broses o gynhyrchu cynnyrch cig ar ôl iddyn nhw gael eu lladd.
- Daw cig oen morfa heli Gŵyr o ŵyn sy'n pori ar y morfeydd heli.
- Mae cig eidion gwartheg duon Cymreig yn cael ei gydnabod fel cig penodol o Gymru hefyd.

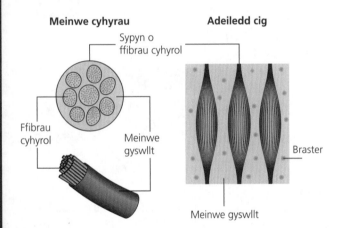

Meinwe cyhyrau

Sypyn o ffibrau cyhyrol

Ffibrau cyhyrol

Meinwe gyswllt

Adeiledd cig

Braster

Meinwe gyswllt

Ffigur 1.8 Adeiledd cig

Gwerth maethol cig

Mae cig yn cynnwys protein *HBV*, lefelau amrywiol o fraster, fitaminau A a D, rhai fitaminau grŵp B (mae'n ffynhonnell dda o fitamin B_{12}) a haearn.

Storio cig

- Cig amrwd: yn yr oergell ar y silff waelod, mewn cynhwysydd wedi'i orchuddio. Dylech chi ei ddefnyddio cyn y dyddiad 'defnyddio erbyn'. Os bydd cig yn cael ei rewi, dylech chi ei lapio'n dda a'i ddadrewi yn llwyr cyn ei goginio. Peidiwch byth ag ailrewi cig sydd wedi'i ddadrewi.
- Cig sydd wedi'i goginio: dylech chi ei oeri o fewn 1.5 awr, ei orchuddio a'i roi yn yr oergell. Dylech chi ei storio uwchben cig amrwd yn yr oergell i atal traws-halogiad.

Pysgod

Mae tri phrif fath o bysgod:

- **Pysgod gwyn**, er enghraifft penfras, hadog a lleden.
- **Pysgod olewog**, er enghraifft macrell, sardîns a thiwna ffres.
- **Pysgod cregyn**, er enghraifft cranc a chimwch.
- Mae Cymru yn enwog am ei chocos, sef math o bysgod cregyn sy'n cael eu casglu ar yr arfordir gan fusnesau bach, lleol, yn enwedig ar arfordir Gŵyr, ger Penclawdd. Mae cyfreithiau yn diogelu'r cocos hyn, a rhaid cael trwydded i'w casglu. Dim ond nifer penodol o drwyddedau sydd ar gael bob blwyddyn. Rhaid eu casglu nhw â llaw o hyd, gan ddefnyddio cribin a rhidyll.

Ffigur 1.9 Mathau gwahanol o bysgod

Mae pysgod wedi'u gwneud o gyhyrau a meinwe gyswllt. Mae'r ffibrau cyhyrol yn fyr, sy'n golygu bod angen coginio pysgod yn gyflym, ac mae'r cnawd yn dyner.

- Gallwch chi brynu pysgod ffres neu wedi'u rhewi, pysgod mwg, pysgod tun neu bysgod sych.
- Gallwch chi goginio pysgod mewn amryw o ffyrdd: pobi, ffrio, grilio neu botsio.

Gwerth maethol pysgod

Mae pysgod yn cynnwys protein *HBV* ac asidau brasterog hanfodol (pysgod olewog). Maen nhw'n ffynhonnell dda o fitaminau A a D (pysgod olewog) a chalsiwm (os ydych chi'n bwyta'r esgyrn, er enghraifft sardîns tun). Mae cynnwys braster isel gan bysgod gwyn, ond gall pysgod cregyn gynnwys lefelau uchel o golesterol.

Storio pysgod

- Pysgod ffres: yn yr oergell. Dylech chi eu defnyddio cyn gynted â phosibl ar ôl eu prynu, oherwydd gallan nhw ddifetha'n gyflym iawn.
- Pysgod wedi'u rhewi: eu dadrewi yn llwyr cyn eu coginio. Peidiwch byth ag ailrewi pysgod amrwd.

Dofednod

- Twrci, cyw iâr, hwyaden, gŵydd, iâr gini a cholomen yw'r adar sy'n cael eu hystyried yn ddofednod (*poultry*).
- Cyw iâr yw'r math mwyaf poblogaidd o ddofednod yn y DU.
- Mae cig dofednod wedi'i wneud o ffibrau cyhyrol, braster a meinwe gyswllt.
- Mae sawl ffordd o goginio dofednod, er enghraifft, mae'n bosibl ei rostio, ei bobi, ei ffrio, ei botsio neu ei grilio.
- Mae dofednod yn fwyd risg uchel sy'n gallu cynnwys bacteria Salmonella.
- Rhaid coginio dofednod yn drylwyr nes bydd y canol yn cyrraedd tymheredd o 70 °C am ddau funud o leiaf.

Gwerth maethol dofednod

Mae dofednod yn cynnwys protein *HBV*, rhywfaint o fraster (ond llai na sydd mewn cig), fitaminau A a D a rhywfaint o fitaminau grŵp B.

Ffigur 1.10 Cyw iâr

Storio dofednod

- Dylech chi storio dofednod amrwd yn yr oergell ar y silff waelod, a'i orchuddio i atal traws-halogiad.
- Gallwch chi rewi dofednod amrwd. Rhaid ei ddadrewi yn llwyr cyn ei goginio.
- Dylech chi ei fwyta cyn y dyddiad 'defnyddio erbyn'.

Wyau

ADOLYGU

- Yn y DU, mae ieir, hwyaid, gwyddau a soflieir (*quails*) yn cynhyrchu wyau.
- Mae eu maint yn amrywio.
- Gallwch chi ffrio, potsio, berwi, pobi neu sgramblo wyau.
- Mae wyau'n cael eu defnyddio mewn llawer o ryseitiau i setio, beindio, cyfoethogi a dal aer.
- Gall wyau ddod o ieir wedi'u 'cyfoethogi' sy'n cael eu cadw mewn ffermydd cewyll.
- Daw **wyau maes** o ieir sy'n cael crwydro'n rhydd yn yr awyr agored.
- Daw **wyau ysgubor** o ieir sy'n cael crwydro'n rhydd y tu mewn i ysgubor.

Mae wyau'n fwyd risg uchel, a rhaid eu coginio'n gywir er mwyn lladd unrhyw facteria Salmonella.

Gwerth maethol wyau

Tabl 1.2 Gwerth maethol wyau

Gwynnwy	Melynwy
Protein *HBV*	Protein *HBV*
Fitaminau grŵp B	Fitaminau A, D ac E
	Haearn
	Braster

Storio wyau

- Storiwch wyau â'u pennau i lawr yn yr oergell.
- Peidiwch â'u rhoi nhw wrth ymyl bwydydd ag arogleuon cryf.
- Defnyddiwch nhw cyn y dyddiad 'ar ei orau cyn'.

Gelatin

ADOLYGU

- Bwyd di-flas yw gelatin, sy'n cael ei wneud o ffynhonnell anifail. Bydd esgyrn, croen a thendonau yn cael eu berwi er mwyn cael y colagen, ac mae gelatin yn deillio o'r colagen hwn.
- Mae'n cael ei ddefnyddio'n aml fel cyfrwng gelio mewn bwyd, er enghraifft mewn pwdinau neu felysion jeli ffrwythau fel Jelly Babies.
- Mae'n cael ei ddefnyddio fel sefydlogydd neu dewychydd, neu i roi gwead i fwyd fel iogwrt, caws hufen a margarîn.
- Mae'n cael ei ddefnyddio mewn bwyd gyda llai o fraster i efelychu'r ffordd y mae braster yn teimlo yn y geg, ac i dewychu'r bwyd.
- Mae'n cael ei ddefnyddio i loywi (*clarify*) sudd, fel sudd afal, a finegr.
- Mae ar gael ar ffurf deilen neu bowdr.

> **Cyngor**
>
> Mae'n bosibl y bydd cwestiynau am gig, pysgod ac wyau yn canolbwyntio ar werth maethol y nwyddau hyn. Gallai'r cwestiwn ofyn i chi enwi'r maetholion mewn pysgod olewog. Cofiwch wahaniaethu rhwng pysgod olewog a physgod gwyn, gan esbonio pwysigrwydd yr asidau brasterog hanfodol sydd i'w cael mewn pysgod olewog.

Profi eich hun

PROFI

1 Esboniwch pam mae'r llywodraeth yn argymell ein bod ni'n bwyta o leiaf dwy gyfran o bysgod yr wythnos, a pham y dylai un o'r rhain fod yn bysgod olewog. [4 marc]
2 Dywedwch pam mae stêc stiwio yn fwy gwydn na stêc ffiled, ac awgrymwch un ffordd o goginio'r stêc stiwio i'w wneud yn dyner. [3 marc]
3 Rhestrwch y tri phrif fath o bysgod, gan roi enghraifft o bob un. [3 marc]
4 Trafodwch y rhesymau pam byddai'n well gan rywun brynu wyau ieir maes yn hytrach nag wyau ieir cewyll. [6 marc]
5 Esboniwch y gwahaniaeth rhwng cig oen morfa heli Cymru a chig oen Lloegr. [3 marc]
6 Esboniwch pam mai nifer penodol o drwyddedau yn unig sydd ar gael bob blwyddyn i gasglu cocos ar arfordir Gŵyr. [4 marc]

Soia, tofu, ffa, cnau, hadau

Soia

ADOLYGU

- Daw soia o godau ffa soia, sy'n rhan o deulu'r codlysiau (*legumes*).
- Mae soia yn cael ei droi yn gynnyrch amrywiol i'w ddefnyddio yn lle protein o ffynonellau anifeiliaid, fel tempeh, miso, llaeth soia a saws soia.
- Gallwch chi brynu ffa soia sych, tun neu ffres (ffa edamame).

Gwerth maethol soia

Mae ffa soia yn cynnwys protein *HBV*, calsiwm, magnesiwm a llawer o ffibr.

Storio cynnyrch soia

- Ffa edamame ffres: yn yr oergell.
- Tempeh a miso: yn yr oergell.
- Cynnyrch soia sych neu tun: mewn lle sych ac oer, nes bydd yn cael ei goginio neu ei agor; ar ôl hynny dylech chi ei storio yn yr oergell.

Tofu

ADOLYGU

- Enw arall ar tofu yw ceuled ffa.
- Mae tofu yn cael ei wneud o laeth soia ffres sydd wedi cawsio (*curdled*), cyn ei wasgu yn floc, mewn ffordd debyg i sut mae caws yn cael ei wneud.
- Mae tofu yn eithaf di-flas, felly mae'n cael ei ddefnyddio mewn cyri a phrydau tro ffrio lle mae'n cael ei goginio gyda bwydydd eraill â blas cryfach.
- Gallwch chi farinadu tofu i amsugno blasau cyn ei goginio.

Gwerth maethol tofu

Mae tofu yn cynnwys protein *HBV*, haearn, calsiwm a rhai fitaminau grŵp B.

Storio tofu

- Cynnyrch oer yw tofu, felly rhaid ei storio yn yr oergell.
- Gallwch chi ei rewi yn ei becyn gwreiddiol, ond rhaid ei ddadrewi yn llwyr cyn ei goginio.

Cynnyrch mycoprotein (Quorn™)

ADOLYGU

- Mae cynnyrch Quorn™ yn cael ei fwyta yn lle cig, oherwydd nid yw'n brotein o ffynonellau anifeiliaid. Mae holl fwydydd Quorn™ yn cael eu gwneud o fycoprotein sy'n deillio o ffwng.
- Mae cynnyrch Quorn™ yn ffynhonnell o brotein *HBV* sy'n cynnwys yr holl asidau amino hanfodol sydd eu hangen ar y corff.
- Mae cynnyrch Quorn™ sy'n cael ei wneud heb albwmin wy bellach ar gael ar gyfer feganiaid.

Ffigur 1.11 Cynnyrch Quorn™

Ffa

ADOLYGU

- Ar y cyfan, mae ffa yn cael eu galw yn llysiau ffacbys (*pulses*).
- Maen nhw'n cael eu gwerthu yn ffres, wedi'u rhewi, mewn tun ac wedi'u sychu.
- Maen nhw'n cynnwys ffa haricot (ffa pob), corbys (*lentils*) a phys hollt.
- Maen nhw'n ychwanegu blas, swmp, lliw a gwead at saig.

Gwerth maethol ffa

Mae ffa yn cynnwys protein *LBV*, rhywfaint o garbohydrad, haearn a chalsiwm, rhai fitaminau grŵp B a ffibr.

Storio ffa

- Ffa ffres: yn yr oergell a'u defnyddio cyn y dyddiad 'defnyddio erbyn'.
- Ffa sych: mewn cynwysyddion aerglos mewn lle sych ac oer. Ar ôl eu coginio, dylech chi eu storio yn yr oergell.
- Ffa wedi'u rhewi: yn y rhewgell; rhaid eu dadrewi cyn eu coginio.
- Ffa tun: cwpwrdd sych ac oer nes byddwch chi'n eu hagor, yna dylech chi eu storio yn yr oergell.

Ffigur 1.12 Mathau gwahanol o ffa

Cnau

ADOLYGU

Mae cnau ar gael ar sawl ffurf – yn gyfan, wedi'u torri, wedi'u fflawio (*flaked*), wedi'u rhostio, wedi'u halltu neu wedi'u blansio. Gallan nhw gynnwys:
- cnewyll bwytadwy fel cnau almon a chnau Ffrengig
- cnau o'r tu mewn i blisgyn sych, fel cnau cashiw neu gnau castan
- ffacbys, fel cnau mwnci
- hadau, fel cnau Brasil neu gnau pîn.

Maen nhw'n cael eu defnyddio mewn prydau bwyd sawrus a melys.

Gwerth maethol cnau

Mae cnau yn cynnwys protein *LBV*, rhai fitaminau grŵp B a ffibr. Mae gan rai mathau o gnau gynnwys braster uchel, calsiwm a haearn.

Storio cnau

- Dylech chi storio cnau mewn cynwysyddion aerglos, neu gallan nhw suro.
- Defnyddiwch nhw cyn y dyddiad 'ar ei orau cyn'.

Hadau

ADOLYGU

- Gallwch chi ddefnyddio hadau fel topin ar salad, torth o fara neu deisen.
- Gallwch chi eu tostio neu eu rhostio i ychwanegu gwead at fwyd.
- Gallwch chi eu defnyddio i gynhyrchu olew coginio neu olew ar gyfer dresin salad.
- Hadau blodyn yr haul, pabi, sesame a phwmpen yw'r mwyaf cyffredin.

Gwerth maethol hadau

Mae hadau yn cynnwys protein *LBV*, asidau brasterog hanfodol, fitaminau grŵp B, fitamin E, sinc a haearn.

Storio hadau

- Dylech chi storio hadau mewn cynwysyddion aerglos.
- Defnyddiwch hadau cyn y dyddiad 'ar ei orau cyn'.

Atebion i'r cwestiynau Profi eich hun: **www.hoddereducation.co.uk/fynodiadauadolygu**

> **Cyngor**
>
> Os bydd cwestiwn arholiad yn gofyn i chi awgrymu sut i addasu rysáit ar gyfer fegan, gallwch chi awgrymu defnyddio cynnyrch soia yn lle cig. Cofiwch ddweud bod soia yn ffynhonnell o brotein *HBV*, ac felly gall gymryd lle protein o ffynonellau anifeiliaid, a darparu'r un asidau amino hanfodol. Does dim llawer o flas ar gynnyrch soia, felly cofiwch awgrymu sut i farinadu'r cynnyrch soia o'ch dewis, neu sut i ychwanegu blas ato.

Profi eich hun

1 Esboniwch pam mae'n dderbyniol i rywun sydd ag anoddefedd lactos ddefnyddio llaeth soia. Awgrymwch rysáit lle gallech chi ddefnyddio llaeth soia yn lle llaeth buwch. [4 marc]
2 Rhestrwch bedwar o faetholion sydd mewn ffa, ac esboniwch pam maen nhw'n rhan bwysig o'n deiet ni. [4 marc]
3 Enwch dri math gwahanol o gnau sy'n cael eu defnyddio i goginio ac awgrymwch sut gallech chi eu defnyddio nhw. [3 marc]

Brasterau ac olewau

Menyn

- Mae menyn yn cael ei wneud drwy gorddi llaeth i greu braster solet.
- Bydd yn feddal ar dymheredd ystafell.
- Gallwch chi brynu menyn wedi'i halltu neu heb ei halltu.
- Gallwch chi hufennu menyn wrth wneud teisennau, ei daenu ar fara, ei doddi dros lysiau, ei ddefnyddio wrth ffrio bwydydd a'i freuo wrth wneud crwst.

Gwerth maethol menyn

Mae menyn yn cynnwys braster dirlawn, fitaminau A a D a sodiwm (halen), os yw wedi'i halltu.

Storio menyn

- Dylech chi storio menyn yn yr oergell, a'i ddefnyddio cyn y dyddiad 'defnyddio erbyn'. Dylech chi ei gadw oddi wrth fwydydd ag arogl cryf.
- Gallwch chi ei rewi.
- Os byddwch chi'n ei gadw ar dymheredd ystafell, dylech chi ei roi mewn cynhwysydd â chaead.
- Gall suro os yw'n cael ei gadw'n rhy hir.

Ffigur 1.13 Menyn

Olew

- Hylif yw olew ar dymheredd ystafell.
- Planhigion neu hadau yw ffynhonnell olewau.
- Mae enghreifftiau yn cynnwys olew blodyn yr haul, olew had rêp, olew olewydd ac olew corn.
- Maen nhw'n cael eu defnyddio i ffrio, i iro, i farinadu ac i wneud dresin salad.
- Gallwch chi ychwanegu perlysiau, tsili neu gyflasau eraill atyn nhw.

Gwerth maethol olew

Mae olew yn cynnwys braster annirlawn.

Storio olew

Dylech chi storio olew mewn lle oer, allan o olau uniongyrchol yr haul.

Margarîn

- Braster sy'n cael ei wneud o olew llysiau yw margarîn, ac mae'n cael ei ddefnyddio yn lle menyn.
- Yn unol â'r gyfraith, mae fitaminau A a D yn cael eu hychwanegu ato.
- Gallwch chi ei brynu mewn blociau caled neu fel margarîn meddal mewn tybiau.
- Mae'n cael ei ddefnyddio i bobi neu i'w daenu ar fara ac ati.
- Mae rhai mathau yn cynnwys llawer iawn o ddŵr, felly dydyn nhw ddim yn addas ar gyfer pobi.

Gwerth maethol margarîn

Mae margarîn yn cynnwys llawer o fraster, fitaminau A a D a sodiwm.

Storio margarîn

Dylech chi ei storio yn yr oergell a'i ddefnyddio cyn y dyddiad 'gwerthu erbyn'.

> **Cyngor**
>
> Gofalwch eich bod chi'n gwybod beth yw'r prif wahaniaethau rhwng braster ac olew, a'ch bod chi'n gallu esbonio sut maen nhw'n cael eu defnyddio. Os bydd cwestiwn yn gofyn i chi roi enghraifft o olew, rhowch olew sydd ag enw penodol, fel olew olewydd neu olew blodyn yr haul.

Profi eich hun

1 Rhowch ddwy ffordd o ddefnyddio menyn wrth goginio. **[2 farc]**

2 Rhestrwch ddau o'r gwahaniaethau rhwng braster ac olew. **[2 farc]**

3 Nodwch un math o fraster ac un math o olew, a rhowch un ffordd y gallech chi ddefnyddio pob un ohonyn nhw wrth goginio. **[4 marc]**

Atebion i'r cwestiynau Profi eich hun: **www.hoddereducation.co.uk/fynodiadauadolygu**

Siwgr a surop

Siwgr

ADOLYGU

- Mae siwgr yn dod o gansen siwgr neu fetysen siwgr.
- Mae'n cael ei ddefnyddio i felysu diodydd, i'w roi ar rawnfwydydd ac i bobi bwydydd melys.
- Gall siwgr ychwanegu blas a gwead.
- Bydd cymysgedd yn dal aer os byddwch chi'n hufennu siwgr gyda braster.
- Mae'n ychwanegu lliw, oherwydd mae'n carameleiddio wrth ei gynhesu.
- Mae siwgr hefyd yn cyffeithio bwydydd, fel jam neu jeli.
- Mae sawl math gwahanol o siwgr ar gael:
  - siwgr gwyn – siwgr mân, siwgr gronynnog a siwgr eisin
  - siwgr brown – Demerara, siwgr brown meddal neu siwgr brown tywyll.

Ffigur 1.14 Mathau gwahanol o siwgr

Gwerth maethol siwgr

'Caloriau gwag' yw siwgr. Bydd yn cael ei ddefnyddio fel ffynhonnell egni, ond dydy siwgr ddim yn cynnwys unrhyw faetholion eraill.

Storio siwgr

- Mae oes silff hir gan siwgr os ydych chi'n ei storio'n gywir.
- Dylech chi storio siwgr mewn lle sych ac oer, a'i gadw oddi wrth fwyd â blas ac arogl cryf.

Surop

ADOLYGU

- Gallwch chi ddefnyddio surop melyn i bobi bwydydd melys ac i wneud marinadau.
- Gallwch chi ddefnyddio triagl du i wneud torth sinsir a theisennau ffrwythau tywyll.

Gwerth maethol surop

Dydy surop ddim yn cynnwys unrhyw faetholion, ond mae'n ffynhonnell egni.

Storio surop

- Dylech chi storio surop mewn cwpwrdd sych ac oer, a'i ddefnyddio cyn pen tri mis ar ôl ei agor.
- Gall surop grisialu os na fyddwch chi'n ei ddefnyddio am gyfnod.

Profi eich hun

PROFI

1 Nodwch dri math o siwgr a nodwch rysáit neu saig lle mae'r tri math yn cael eu defnyddio. [3 marc]
2 Esboniwch sut mae siwgr yn gallu dal aer mewn cymysgedd teisen wedi'i hufennu. [4 marc]

Cyngor

Mae cwestiwn am siwgr yn debygol o ofyn am swyddogaeth siwgr mewn rysáit. Gwiriwch a yw'n cael ei ddefnyddio dim ond i felysu, neu a oes swyddogaeth arall ganddo, fel dal aer neu frownio. Edrychwch ar nifer y marciau sydd ar gael am y cwestiwn, i weld a fydd rhestr syml yn rhoi marciau uchel i chi, neu a fydd angen i chi roi esboniad mwy manwl o'r swyddogaeth.

Yr enw ar yr egni a'r cemegion sydd eu hangen ar ein cyrff yw **maetholion**. Mae maetholion yn cael eu rhannu'n ddau brif grŵp:

- **Macrofaetholion** (ystyr macro yw mawr): mae angen llawer iawn o'r rhain. Proteinau, brasterau a charbohydradau yw'r maetholion hyn.
- **Microfaetholion** (ystyr micro yw bach): dim ond ychydig o'r rhain sydd eu hangen. Fitaminau, mwynau ac elfennau hybrin yw'r maetholion hyn.

Hefyd, mae ar y corff angen sylweddau eraill sydd mewn bwyd, gan gynnwys dŵr a ffibr, er mwyn iddo weithio'n iawn.

Macrofaetholion

Proteinau

ADOLYGU

- Moleciwlau mawr iawn yw proteinau, sydd wedi'u gwneud o unedau bach o'r enw **asidau amino**.
- Mae naw o **asidau amino hanfodol**. Dyma'r asidau amino nad yw'r corff yn gallu eu gwneud, felly rhaid bwyta'r proteinau sy'n eu cynnwys.
- Yr enw ar fwydydd sy'n cynnwys yr holl asidau amino hanfodol yw proteinau **Gwerth Biolegol Uchel** (*HBV: High Biological Value*).
- Yr enw ar fwydydd sy'n cynnwys rhai o'r asidau amino hanfodol yn unig yw proteinau **Gwerth Biolegol Isel** (*LBV: Low Biological Value*).
- Os byddwn ni'n cyfuno proteinau *LBV* mewn pryd o fwyd, gallwn ni roi'r holl asidau amino hanfodol i'n cyrff. Proses o gyfuno bwyd neu ddefnyddio **proteinau cyflenwol** (*complementary protein*) yw hyn. Enghraifft o bryd sy'n defnyddio proteinau cyflenwol yw ffa pob ar dost neu reis a dhal.

Ffigur 2.1 Ffynonellau protein *HBV*

Ffigur 2.2 Ffynonellau protein *LBV*

Tabl 2.1 Protein – swyddogaethau, ffynonellau a chanlyniadau cael gormod neu ddim digon ohono

Swyddogaeth yn y corff	• Tyfu • Atgyweirio • Cynnal y corff • Cynhyrchu ensymau ar gyfer y system dreulio, y cyhyrau a'r nerfau • Cynhyrchu hormonau i reoli swyddogaethau'r corff • Ffynhonnell egni arall	
Ffynonellau	**Ffynonellau protein *HBV*:** • Cig • Pysgod • Wyau • Llaeth • Caws • Ffa soia	**Ffynonellau protein *LBV*:** • Grawnfwydydd (reis, ceirch, quinoa, gwenith, miled) • Pys, ffa (ac eithrio ffa soia) a chorbys • Cnau a hadau
Beth sy'n digwydd os na chawn ni ddigon ohono?	Plant: • Araf yn tyfu • Gwallt yn teneuo, neu'n colli gwallt • Methu treulio bwyd yn iawn, gan arwain at ddolur rhydd • Cael heintiau'n aml • Dim egni, colli pwysau, mynd yn denau ac yn wan • Hylif o dan y croen (oedema)	Oedolion: • Colli braster, cyhyrau a phwysau • Hylif o dan y croen (oedema) • Briwiau a chleisiau yn cymryd amser hir i wella • Dim egni • Gwallt a chroen sych • Dal heintiau'n amlach
Beth sy'n digwydd os byddwn ni'n cael gormod ohono?	• Straen ar yr arennau a'r iau • Magu pwysau, gan fod protein ychwanegol yn cael ei droi'n fraster sydd yna'n cael ei storio yn y corff	

Faint o brotein ddylen ni ei fwyta?

Mae hyn yn dibynnu ar ein hoedran, ein ffordd o fwy a'r hyn rydyn ni'n ei wneud.

- Mae babanod, plant a phobl ifanc yn eu harddegau yn dal i dyfu, felly mae angen mwy o brotein arnyn nhw. Mae angen protein ar oedolion o hyd, er mwyn i'r gwallt a'r ewinedd dyfu ac er mwyn i'r corff atgyweirio.
- Mae angen protein ar fenywod beichiog er mwyn i'r babi ddatblygu, ac mae angen protein ar fenywod sy'n bwydo o'r fron i gynhyrchu llaeth.

Mae maethegwyr a gwyddonwyr wedi cyfrifo faint o brotein sydd ei angen ar unigolion. Yr enw ar y rhain yw'r **Gwerthoedd Cyfeirio Deietegol** (*DRVs: Dietary Reference Values*).

- Babanod a phlant hyd at chwech oed: 12–20 gram o brotein bob dydd.
- Plant rhwng 7 a 15 oed: 28–42 gram o brotein bob dydd.
- Pobl ifanc dros 15 oed ac oedolion: 45–55 gram o brotein bob dydd.

Cyngor

Mae'n bosibl y bydd angen i chi nodi neu ddisgrifio sut gall rhywun wneud yn siŵr ei fod yn cael digon o brotein os yw'n fegan, ac yn dewis peidio â bwyta cynnyrch anifeiliaid. Bydd angen i chi restru bwydydd sy'n cynnwys protein *LBV* a sôn am gyfuno bwydydd i wneud yn siŵr bod yr holl asidau amino hanfodol yn cael eu bwyta. Dylech chi gyfeirio at broteinau cyflenwol a rhoi rhai enghreifftiau.

Profi eich hun

PROFI

1 Rhestrwch dair o swyddogaethau protein yn y deiet. [3 marc]
2 Esboniwch beth yw protein *HBV*, gan roi dwy enghraifft o fwydydd sy'n ei gynnwys. [4 marc]
3 Pam mae grawnfwydydd, cnau a hadau'n cael eu hystyried yn broteinau *LBV*? [2 farc]
4 Rhestrwch bedwar symptom a fyddai i'w gweld mewn oedolyn os na fydd yn cael digon o brotein yn ei ddeiet. [3 marc]
5 Esboniwch pam mae pobl yn magu pwysau os byddan nhw'n bwyta gormod o brotein. [3 marc]

Brasterau

- Term cyffredinol am frasterau ac olewau yw **lipidau**.
- Fel arfer, mae braster yn solet ar dymheredd ystafell. Mae olew yn hylif ar dymheredd ystafell.
- Mae rhai mathau o fraster yn weladwy, fel y braster ar gig, neu'r menyn neu'r olew y byddwn ni'n ei ddefnyddio i ffrio neu i wneud dresin salad.
- Mae mathau eraill o fraster yn anweladwy ac yn rhan o'r cynnyrch rydyn ni'n ei fwyta, fel bisgedi, hufen iâ neu brydau parod.

Ffigur 2.3 Braster gweladwy

Ffigur 2.4 Braster anweladwy

Tabl 2.2 Braster – swyddogaethau, ffynonellau a chanlyniadau cael gormod neu ddim digon ohono

Swyddogaeth yn y corff	• Ffynhonnell dda o egni • Ffurfio adeiledd rhai celloedd • Inswleiddio'r corff rhag yr oerfel • Diogelu ein horganau hanfodol, fel yr afu/iau a'r arennau • Ffynhonnell dda o fitaminau D, E a K • Creu gwead mewn bwyd ac yn ychwanegu blas • Helpu i'n llenwi	
Mathau o fraster a'u ffynonellau	**Braster dirlawn** Menyn, lard, siwed a braster anifeiliaid sydd ar gig **Braster annirlawn** Mae dau fath: • **braster monoannirlawn** – olew olewydd, afocados, cnau a physgod olewog fel macrell • **braster amlannirlawn** – hadau, olew, cnau Ffrengig, eog a sardîns	**Asidau brasterog hanfodol** • Omega 3: pysgod olewog, hadau, olew cnau Ffrengig a llysiau deiliog gwyrdd • Omega 6: llysiau, ffrwythau, grawn, cyw iâr a hadau
Beth sy'n digwydd os na chawn ni ddigon ohono?	Babanod a phlant: • bydd yn effeithio ar eu twf naturiol Oedolion: • Teneuo • Teimlo'n oerach • Dim digon o'r asidau brasterog hanfodol Omega 3 ac Omega 6, a gall hynny beryglu swyddogaeth y galon a chodi lefelau colesterol	
Beth sy'n digwydd os byddwn ni'n cael gormod ohono?	• Magu pwysau • Mae'n bosibl y bydd braster ychwanegol yn cael ei storio yn yr afu/iau, gan arwain at broblemau iechyd • Gall braster dirlawn hefyd gynyddu'r perygl o gael strôc a chlefyd y galon • Gall brasterau hydrogenaidd gynyddu'r perygl o ddioddef canser, diabetes, gordewdra a phroblemau gyda'r esgyrn	

Faint o fraster ddylen ni ei fwyta?

- Dyn cyffredin: ni ddylai fwyta mwy na 95 g o fraster pob dydd, ac ni ddylai mwy na 30 g o hwn fod yn fraster dirlawn.
- Menyw gyffredin: ni ddylai fwyta mwy na 70 g o fraster pob dydd, ac ni ddylai mwy na 20 g o hwn fod yn fraster dirlawn.
- Plant: dylai tua 35% o'r holl fwyd y maen nhw'n ei fwyta fod yn fraster. Mae hyn yn sicrhau bod y plentyn yn cael digon o ffynonellau egni a fitaminau D, E a K.

Camgymeriad cyffredin

Mae'n bosibl y bydd angen i chi nodi neu ddisgrifio sut gall rhywun fwyta llai o fraster. Un camgymeriad cyffredin yw ysgrifennu 'bwyta llai' neu 'ychwanegu llai wrth goginio' – dim ond marciau cyfyngedig gewch chi am yr atebion hyn. Yn lle hynny, meddyliwch am y canlynol:
- dulliau gwahanol o goginio (er enghraifft grilio yn lle ffrio)
- torri unrhyw fraster sydd i'w weld i ffwrdd
- dewis bwyd sy'n cynnwys llai o fraster (er enghraifft darnau o gig sy'n cynnwys llai o fraster).

Profi eich hun

PROFI

1 Nodwch dair o swyddogaethau braster yn y corff. [3 marc]
2 (a) Enwch dri math o fwyd i'w hosgoi er mwyn bwyta llai o fraster dirlawn. [3 marc]
  (b) Rhowch ddau fath o fwyd y dylech chi eu bwyta yn lle'r uchod, gan eu bod nhw'n cynnwys braster iachach. [2 farc]
3 Rhestrwch bedair problem a all godi yn y corff os byddwn ni'n bwyta gormod o fraster. [4 marc]
4 Enwch ddau fath o fwyd a fyddai'n rhoi asidau brasterog Omega 3 i ni. [2 farc]
5 Esboniwch y term 'braster anweladwy' a rhowch un enghraifft o fwyd sy'n ei gynnwys. [3 marc]

Carbohydradau

ADOLYGU

Mae dau fath o garbohydrad: carbohydradau syml a charbohydradau cymhleth.
- **Monosacaridau** neu **deusacaridau** yw carbohydradau syml, sef siwgr, ac mae'r corff yn eu torri i lawr i greu egni.
- **Polysacaridau** yw carbohydradau cymhleth, sef moleciwlau mawr sy'n cymryd amser hir i'w treulio.

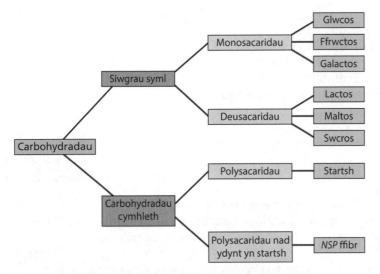

Ffigur 2.5 Carbohydradau syml a chymhleth

Tabl 2.3 Carbohydrad – swyddogaethau, ffynonellau a chanlyniadau cael gormod neu ddim digon ohono

Swyddogaeth yn y corff	<ul><li>Rhoi egni ar gyfer gweithgarwch corfforol ac i gynnal swyddogaethau'r corff</li><li>Melysu bwydydd a rhoi blas iddyn nhw</li><li>Rhoi ffibr, sef polysacarid nad yw'n startsh (*NSP: non-starch polysaccharide*) i helpu i dreulio bwyd</li></ul>	
Ffynonellau	**Monosacaridau**<ul><li>Glwcos: ffrwythau a llysiau</li><li>Ffrwctos: mêl a sudd rhai ffrwythau a llysiau</li><li>Galactos: llaeth</li></ul>	**Deusacaridau**<ul><li>Swcros: cansen siwgr a betys siwgr – pob math o siwgr a surop melyn a thriagl du hefyd</li><li>Lactos: llaeth</li><li>Maltos: grawn</li></ul>
	Polysacaridau<ul><li>Startsh: mewn grawn, grawnfwydydd, pasta ac mewn rhai ffrwythau a llysiau</li><li>Ffibr hydawdd: ceirch, ffa, pys, corbys a'r rhan fwyaf o ffrwythau a llysiau</li><li>Ffibr anhydawdd: pasta a bara cyflawn, grawnfwydydd cyflawn, reis brown a rhai ffrwythau a llysiau</li></ul>	
Beth sy'n digwydd os na chawn ni ddigon ohono?	<ul><li>Colli pwysau</li><li>Bydd y corff yn defnyddio protein fel ffynhonnell arall o egni</li><li>Mynd yn rhwym</li><li>Risg gynyddol o ddatblygu canser y coluddyn neu lid y diferticwlwm</li></ul>	
Beth sy'n digwydd os byddwn ni'n cael gormod ohono?	<ul><li>Magu pwysau (mae'r carbohydradau dros ben yn cael eu troi yn fraster a'u storio yn y corff)</li><li>Gall gormod o siwgr bydru'r dannedd</li></ul>	

Faint o garbohydrad ddylen ni ei fwyta?

- Y cyngor yn y Canllaw Bwyta'n Dda yw y dylai un rhan o dair o'r bwyd y byddwn ni'n ei fwyta pob dydd fod yn garbohydradau startsh fel bara, pasta, reis a thatws.
- Gall carbohydradau startsh roi ffibr i chi hefyd, os byddwch chi'n bwyta cynnyrch cyflawn a grawn cyflawn.
- Dylai deiet arferol (2,000 calori y dydd) gynnwys tua 250 g o garbohydrad (cyfwerth â phowlen o rawnfwyd cyflawn, un gyfran o basta a thair tafell o fara).

Cyngor

Gall rhai cwestiynau ofyn i chi esbonio sut i gynyddu nifer y carbohydradau yn y deiet i helpu i golli pwysau. Os felly, dylech chi ganolbwyntio ar bolysacaridau, sy'n cymryd amser hir i'w treulio, ac sydd felly yn eich llenwi am gyfnod hirach. Enghraifft dda o hyn fyddai annog pobl i fwyta brecwast llawn startsh, fel uwd, grawnfwyd cyflawn neu fyffins, fflapjacs sydd wedi'u gwneud â blawd cyflawn neu dost bara cyflawn.

Profi eich hun

1 Enwch ddau fonosacarid gan ddweud ym mha fwydydd y maen nhw i'w cael. [4 marc]
2 Esboniwch pam mae'r corff yn cymryd mwy o amser i dreulio polysacaridau na deusacaridau. [3 marc]
3 Esboniwch sut mae polysacarid nad yw'n startsh yn helpu'r system dreulio i weithio'n fwy effeithiol, ac yn atal rhwymedd. [4 marc]
4 Trafodwch sut gall bwyta grawnfwyd cyflawn i frecwast helpu rhywun sy'n ceisio colli pwysau. [4 marc]
5 Esboniwch pam mae deiet sy'n cynnwys llawer o fwydydd llawn siwgr yn wael i blant ifanc. [4 marc]

Atebion i'r cwestiynau Profi eich hun: **www.hoddereducation.co.uk/fynodiadauadolygu**

Microfaetholion

Fitaminau

Mae fitaminau'n cael eu rhannu'n ddau grŵp: **fitaminau braster-hydawdd** a **fitaminau dŵr-hydawdd**.

- Fitaminau braster-hydawdd: pan fyddwch chi'n coginio bwydydd sy'n cynnwys y fitaminau hyn mewn braster, bydd y fitaminau'n gollwng o'r bwydydd i'r braster.
- Fitaminau dŵr-hydawdd: pan fyddwch chi'n coginio bwydydd sy'n cynnwys y fitaminau hyn mewn dŵr, bydd y fitaminau'n gollwng o'r bwydydd i'r dŵr.

Tabl 2.4 Fitaminau braster-hydawdd – swyddogaethau, ffynonellau a chanlyniadau cael gormod neu ddim digon ohonyn nhw

	Swyddogaeth yn y corff	Ffynonellau	Beth sy'n digwydd os na chawn ni ddigon ohono?	Beth sy'n digwydd os byddwn ni'n cael gormod ohono?
Fitamin A	• Helpu gyda'r golwg • Cadw'r gwddf, y system dreulio a'r ysgyfaint yn llaith • Gwrthocsidydd, sy'n helpu i stopio sylweddau niweidiol yn yr aer ac mewn dŵr rhag mynd i mewn i'n cyrff	• Fel retinol mewn bwydydd sy'n dod o anifeiliaid (er enghraifft llaeth, caws, menyn, pysgod olewog, afu/iau a chynnyrch afu/iau) • Fel beta-caroten mewn bwydydd sy'n dod o blanhigion (er enghraifft ffrwythau a llysiau coch ac oren a llysiau deiliog gwyrdd tywyll)	• Methu gweld mewn golau gwan (dallineb nos) • Bydd yn anodd i'r corff frwydro yn erbyn clefydau a heintiau • Bydd yn effeithio ar dwf plant	• Gall gormod o fitamin A fod yn wenwynig – bydd yn cronni yn yr afu/iau • Dylai menywod beichiog osgoi bwyta gormod o retinol oherwydd gallai achosi diffygion geni yn y babi wrth iddo ddatblygu
Fitamin D	• Rheoli faint o galsiwm sy'n cael ei gymryd o'r bwyd rydyn ni'n ei fwyta • Helpu i ddatblygu esgyrn a dannedd cryf • Yn ddiweddar, mae wedi dod i'r amlwg bod fitamin D yn bwysig i swyddogaeth yr ymennydd	• Cynnyrch llaeth: menyn, caws, llaeth ac wyau • Afu/iau • Pysgod olewog • Mae'n cael ei ychwanegu at fargarîn yn unol â'r gyfraith • Cawn y rhan fwyaf ohono pan fyddwn ni allan yng ngolau'r haul	• Esgyrn a dannedd gwan • Gallai plant ifanc ddatblygu cyflwr o'r enw'r llech (*rickets*) • Gallai pobl hŷn ddatblygu osteomalacia • Gallai pobl ddatblygu osteoporosis	• Mae'n annhebygol y byddwch chi'n bwyta gormod o fitamin D yn eich deiet • Os ydych chi'n cymryd fitamin D yn atodol dros gyfnod hir, gall eich corff amsugno gormod o galsiwm a gall hynny niweidio'r arennau • Gall gormod o fitamin D wanhau'r esgyrn hefyd
Fitamin E	• Gwrthocsidydd • Mae'n helpu i gadw cellfuriau'r corff yn iach • Gall helpu i atal rhai mathau o ganser a chlefyd y galon	• Olew llysiau • Letys • Cnau mwnci • Hadau • Olew bywyn gwenith	• Mae diffyg fitamin E yn anghyffredin iawn; gall ddigwydd weithiau os yw'r corff yn ei chael yn anodd amsugno braster	• Mae'n annhebygol y byddwch chi'n bwyta gormod o fitamin E mewn deiet arferol
Fitamin K	• Helpu i geulo'r gwaed	• Llysiau deiliog gwyrdd • Caws • Afu/iau • Asparagws • Coffi • Cig moch • Te gwyrdd	• Mae diffyg fitamin K mewn oedolion yn anghyffredin iawn	• Mae'n annhebygol iawn y byddwch chi'n bwyta gormod ohono a does dim tystiolaeth yn awgrymu y byddai gwneud hynny'n achosi unrhyw niwed

Tabl 2.5 Fitaminau dŵr-hydawdd – swyddogaethau, ffynonellau a chanlyniadau cael gormod neu ddim digon ohonyn nhw

	Swyddogaeth yn y corff	Ffynonellau	Beth sy'n digwydd os na chawn ni ddigon ohono?	Beth sy'n digwydd os byddwn ni'n cael gormod ohono?
Fitamin B$_1$ (thiamin)	● Helpu i ryddhau egni o garbohydradau ● Helpu eich nerfau i weithio'n iawn ● Helpu'r corff i dyfu	● Gwenith a reis ● Cynnyrch grawn a bywyn gwenith ● Burum a marmite ● Pob math o gig ● Wyau ac wyau pysgod ● Llaeth a bwydydd llaeth ● Hadau, cnau a ffa	● Twf a datblygiad corfforol araf ● Os oes diffyg difrifol, gall achosi clefyd o'r enw beriberi, sy'n gwanhau'r cyhyrau	● Ar hyn o bryd, does dim tystiolaeth yn awgrymu y byddai bwyta gormod ohono'n achosi unrhyw niwed
Fitamin B$_2$ (ribofflafin)	● Helpu i ryddhau egni o garbohydradau ● Helpu'r corff i dyfu a chadw'r croen yn iach	● Afu/iau ac arennau ● Cigoedd ● Wyau a llaeth ● Llysiau gwyrdd	● Croen o amgylch y geg yn sych ● Araf yn tyfu	● Ar hyn o bryd, does dim tystiolaeth yn awgrymu y byddai bwyta gormod ohono'n achosi unrhyw niwed
Fitamin B$_3$ (niacin)	● Helpu i ryddhau egni o garbohydradau ● Hanfodol i gael croen a nerfau iach ● Gall helpu i leihau lefel y braster yn y gwaed	● Cig a dofednod ● Grawnfwydydd a grawn ● Cynnyrch llaeth ● Llysiau ffacbys (er enghraifft corbys)	● Gallwch chi ddatblygu afiechyd o'r enw pelagra, sy'n gallu achosi dolur rhydd, dermatitis a dementia	● Mae'n annhebygol y byddwch chi'n bwyta gormod o fitamin B$_3$ mewn deiet arferol
Fitamin B$_6$ (pyridocsin)	● Helpu i ryddhau egni o garbohydradau	● I'w gael mewn amrywiaeth eang o fwydydd	● Cur pen ● Poen cyffredinol a gwendid ● Anaemia ● Problemau gyda'r croen	● Os ydych chi'n cymryd llawer o fitamin B$_6$ yn atodol, gallech chi golli teimlad yn y breichiau a'r coesau. Yr enw ar hyn yw niwropatheg amgantol
Fitamin B$_9$ (ffolad neu asid ffolig)	● Helpu'r corff i ddefnyddio proteinau ● Hanfodol ar gyfer ffurfio DNA yng nghelloedd y corff, yn enwedig y celloedd sy'n gwneud celloedd coch y gwaed	● Afu/iau ac arennau ● Grawnfwydydd cyflawn ● Ffacbys ● Llysiau gwyrdd tywyll	● Blinder ● Anaemia ● Os nad yw merched beichiog yn cael digon o ffolad, gall cefn y ffoetws gam-ffurfio a gall achosi spina bifida	● Gall cymryd dos o asid ffolig yn rhy aml guddio diffyg fitamin B$_{12}$ a gall hyn greu problemau i bobl hŷn
Fitamin B$_{12}$ (cobalamin)	● Mae ei angen i greu haen amddiffynnol o amgylch celloedd nerfau i'w galluogi i weithio'n iawn ● Mae ei angen i gynhyrchu celloedd newydd	● Cig, pysgod ac wyau ● Cynnyrch llaeth ● Mae angen i feganiaid gymryd y fitamin hwn yn atodol gan mai dim ond mewn bwydydd sy'n dod o anifeiliaid y mae'n bresennol	● Blinder ac anaemia ● Gwendid yn y cyhyrau, 'pinnau bach' ● Iselder ● Problemau gyda'r cof	● Ar hyn o bryd, does dim tystiolaeth yn awgrymu y byddai bwyta gormod ohono'n achosi unrhyw niwed

	Swyddogaeth yn y corff	Ffynonellau	Beth sy'n digwydd os na chawn ni ddigon ohono?	Beth sy'n digwydd os byddwn ni'n cael gormod ohono?
Fitamin C (asid asgorbig)	<ul><li>Helpu i amsugno haearn o fwydydd eraill</li><li>Cynhyrchu colagen, sy'n gwneud i feinweoedd cyswllt glymu wrth ei gilydd yn y corff</li><li>Gwrthocsidydd, sy'n helpu i amddiffyn y corff rhag cemegion sy'n llygru, sy'n gallu ein niweidio ni</li></ul>	<ul><li>Ffrwythau, yn enwedig ffrwythau citrws (er enghraifft oren a lemon), cyrens duon a ffrwyth ciwi</li><li>Tomatos</li><li>Llysiau deiliog gwyrdd (ar wahân i letys)</li><li>Pys</li><li>Tatws newydd</li><li>Brocoli</li></ul>	<ul><li>Mae diffyg fitamin C yn anghyffredin iawn, ond gall ddigwydd os na fyddwch chi'n bwyta digon o ffrwythau a llysiau ffres</li><li>Os oes gennych chi ychydig o ddiffyg, gall hynny achosi anaemia</li><li>Mae diffyg difrifol yn arwain at y llwg (scurvy), byddwch chi'n blino'n hawdd, bydd eich deintgig yn gwaedu a bydd gennych chi anaemia</li></ul>	<ul><li>Os byddwch chi'n cael gormod o fitamin C mewn ffynhonnell bwyd arferol, bydd eich corff yn cael gwared arno</li><li>Gall cymryd gormod o fitamin C yn atodol achosi dolur rhydd a chyfog</li></ul>

Ffigur 2.6 Mae orenau yn ffynhonnell dda o fitamin C

Cyngor

Bydd cwestiynau am fitaminau yn aml yn gofyn i chi esbonio sut gallwch chi beidio â cholli fitamin C wrth goginio. Mae angen i chi gofio bod fitamin C yn fitamin dŵr-hydawdd, a dylech chi awgrymu dull o goginio sy'n defnyddio cyn lleied o ddŵr â phosibl, er enghraifft stemio, defnyddio ffwrn ficrodonnau a thro ffrio.

Profi eich hun

PROFI

1 Nodwch ddwy broblem y mae diffyg fitamin A yn eu hachosi, a dywedwch beth fydd yn digwydd i'r corff yn y ddau achos. [4 marc]
2 Nodwch ddwy ffynhonnell fwyd sy'n cynnwys asid ffolig, ac esboniwch pam mae'n bwysig i fenywod beichiog fwyta digon o asid ffolig. [4 marc]
3 Esboniwch pam mae angen i feganiaid gymryd fitamin B$_{12}$ yn atodol, a dywedwch beth fydd yn digwydd os na fyddan nhw'n gwneud hynny. [3 marc]
4 Esboniwch pam mae'n bwysig bwyta bwydydd sy'n cynnwys fitamin C gyda bwydydd llawn haearn, yn enwedig os ydych chi'n bwyta bwydydd sy'n cynnwys haearn di-hema yn unig. [4 marc]

Mwynau ac elfennau hybrin

ADOLYGU

- Mae **mwynau** yn helpu i galedu dannedd ac esgyrn, ac yn helpu i wneud yn siŵr bod gennym ni ddigon o gelloedd coch yn y gwaed i drosglwyddo ocsigen o amgylch y corff, rheoli faint o ddŵr sydd yn y corff a gwneud i'r nerfau a'r cyhyrau weithio'n iawn. Mae angen rhwng 1 mg a 100 mg o fwynau pob dydd.

- Mae **elfennau hybrin** yn gyfrifol am galedu enamel dannedd, am wneud hormonau a rheoli swyddogaethau'r corff, ac maen nhw'n rhan o swyddogaethau eraill y cyhyrau a'r nerfau. Dim ond ychydig iawn o'r rhain sydd eu hangen, llai nag 1 mg y diwrnod.

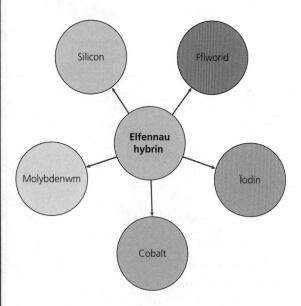

Cyngor

Yn Nhabl 2.6 mae rhestr o'r prif fwynau a'u swyddogaethau. Bydd angen i chi wybod enwau'r mwynau a'r elfennau hybrin eraill, a bod â rhyw syniad o'u pwrpas yn ein deiet.

Ffigur 2.7 Elfennau hybrin

Tabl 2.6 Mwynau – swyddogaethau, ffynonellau a chanlyniadau cael gormod neu ddim digon ohonyn nhw

	Swyddogaeth yn y corff	Ffynonellau	Beth sy'n digwydd os na chawn ni ddigon ohono?	Beth sy'n digwydd os byddwn ni'n cael gormod ohono?
Calsiwm	• Gweithio gyda ffosfforws a fitamin D i greu esgyrn a dannedd cryf ac iach • Helpu i geulo'r gwaed • Rhan o swyddogaeth y nerfau a'r cyhyrau	• Cynnyrch llaeth • Mae'n cael ei ychwanegu at fara gwyn yn unol â'r gyfraith • Pysgod olewog • Llysiau gwyrdd • Cnau/hadau • Ffrwythau citrws • Llaeth soia • Mae calsiwm yn cael ei ychwanegu at laeth soia, sudd ffrwythau ac iogwrt weithiau	• Adeiledd esgyrn gwael • Peidio â chyrraedd uchafswm màs esgyrn, gan arwain at esgyrn gwan neu osteomalacia yn ddiweddarach • Ni fydd esgyrn babanod yn ffurfio'n iawn • Ni fydd gwaed yn ceulo'n iawn ar ôl anaf	• Mae'n annhebygol y byddwch chi'n bwyta gormod o galsiwm • Gallai cymryd dros 1,500 mg yn atodol pob dydd achosi poen yn y bol, dolur rhydd a rhwymedd
Haearn	• Mae ei angen i wneud haemoglobin, sef y protein lliw coch yng nghelloedd coch y gwaed sy'n cludo ocsigen o amgylch y corff	• Cig coch, arennau ac afu/iau • Melynwy • Llysiau deiliog gwyrdd • Bricyll sych • Corbys • Coco a siocled plaen • Mae rhai mathau o fara a grawnfwyd yn cael eu hatgyfnerthu â haearn	• Anaemia • Golwg welw arnoch • Y tu mewn i'ch amrannau'n welw • Ewinedd gwan sy'n hollti	• Sgil effeithiau bwyta mwy na 20 mg o haearn y diwrnod yw poen bol, cyfog, chwydu a rhwymedd

	Swyddogaeth yn y corff	Ffynonellau	Beth sy'n digwydd os na chawn ni ddigon ohono?	Beth sy'n digwydd os byddwn ni'n cael gormod ohono?
Magnesiwm	• Helpu i greu system imiwnedd iach • Atal llid (*inflammation*) • Rhan o'r broses dreulio	• Llysiau deiliog gwyrdd • Cnau • Reis brown • Bara cyflawn • Pysgod, cig a chynnyrch llaeth	• Cyhyrau gwan • Rhythm annormal yn y galon • Gall eich pwysedd gwaed godi ychydig	• Does dim tystiolaeth sy'n awgrymu bod gormod o fagnesiwm, sy'n bresennol yn naturiol yn y corff, yn creu sgil effeithiau
Potasiwm	• Helpu i adeiladu proteinau • Torri carbohydradau i lawr • Adeiladu cyhyrau • Rheoli gweithgarwch trydanol y galon • Cynnal twf arferol y corff	• Pob math o gig coch • Pysgod (er enghraifft eog a sardîns) • Brocoli, pys, tatws melys a thomatos • Bananas, ffrwythau ciwi, bricyll sych • Llaeth ac iogwrt • Cnau	• Cyhyrau gwan • Rhythm annormal yn y galon • Gall eich pwysedd gwaed godi ychydig	• Mae'n annhebygol iawn y byddwch chi'n bwyta gormod o botasiwm mewn deiet arferol
Sodiwm	• Cynnal cydbwysedd dŵr yn y corff • Rhan o brosesau trosglwyddo nerfau	• Caws • Cig moch • Cigoedd wedi'u mygu • Bwydydd wedi'u prosesu • Halen bwrdd (sodiwm clorid) • Mae monosodiwm glwtamad a sodiwm deucarbonad yn ychwanegion ac yn cynnwys sodiwm	• Mae diffyg sodiwm yn annhebygol gan ei fod i'w gael mewn cymaint o fwydydd • Os byddwch chi'n ymarfer corff mewn lle poeth, mae'n bosibl y cewch gramp yn eich cyhyrau • Gallwch chi golli sodiwm os ydych chi'n chwydu neu os oes gennych chi ddolur rhydd	• Pwysedd gwaed uchel • Hylif yn cronni yn y corff • Perygl i'ch calon fethu ac y cewch chi strôc • Gall niweidio arennau babanod a phlant

Cyngor

Bydd cwestiynau am fwynau fel arfer yn canolbwyntio ar galsiwm, haearn a sodiwm.

• Gall cwestiynau am galsiwm ymwneud â'r hyn sy'n digwydd os na fyddwn ni'n bwyta digon o galsiwm, yn enwedig os ydy rhywun yn cael trafferth treulio lactos. Efallai y bydd angen i chi awgrymu sut gallwn ni gael calsiwm yn y deiet heb fwyta cynnyrch llaeth.

• Gallai cwestiynau am haearn ganolbwyntio ar y ffordd y gall llysieuwyr neu feganiaid wneud yn siŵr eu bod nhw'n cael digon o haearn. Gallech chi drafod haearn hema a di-hema, gan roi enghreifftiau o fwydydd sy'n cynnwys y ddau fath o haearn. Yna, gallech chi bwysleisio pwysigrwydd bwyta bwydydd llawn fitamin C, sy'n ein helpu i amsugno haearn di-hema.

• Gallai cwestiynau am sodiwm ofyn i chi esbonio sut gallwn ni ostwng lefelau sodiwm neu halen yn y deiet. Byddai angen i chi drafod sut gall deiet sy'n cynnwys llawer o sodiwm effeithio ar y corff, ym mha fwydydd y mae sodiwm i'w gael a sut i leihau sodiwm yn y deiet.

Dŵr

- Mae dŵr yn bresennol yn holl gelloedd y corff ac mae'n rhan o adweithiau cemegol y corff.
- Mae dŵr yn rheoleiddio tymheredd y corff, gan ei gadw ar dymheredd o tua 37 °C.
- Mae i'w gael yn holl hylifau'r corff, fel gwaed, wrin, poer, sudd treulio a chwys.
- Mae'n helpu i gael gwared ar gynnyrch gwastraff mewn ysgarthion ac wrin.
- Mae'n cadw leinin y system dreulio, yr ysgyfaint, y trwyn a'r gwddf yn llaith.
- Mae'n ein helpu ni i amsugno maetholion.
- Mae'n cludo maetholion, ocsigen a charbon deuocsid o amgylch y corff yn y gwaed.

Ffigur 2.8 Mae dŵr yn rhan hanfodol o'n deiet

Rydyn ni'n cael digon o ddŵr o'r bwyd rydyn ni'n ei fwyta, yn enwedig ffrwythau a llysiau.
- Dylen ni fod yn cael rhwng 1.75 a 2 litr o ddŵr pob dydd ar ffurf diodydd a bwyd. Mae'r holl hylifau sydd â dŵr ynddyn nhw yn cyfrif, gan gynnwys te a choffi.
- Mae diodydd melys, llawn siwgr, yn debygol o godi syched arnoch chi, a hynny oherwydd bod y siwgr yn mynd i lif y gwaed. Yna, bydd angen dŵr ar y corff i wanhau'r siwgr.

Os na fyddwch chi'n yfed digon o ddŵr, gall eich corff chi **ddadhydradu**. Dyma symptomau dadhydradu:
- cur pen
- lliw tywyll ar yr wrin
- gwendid a chyfog
- y corff yn gorboethi
- dryswch
- newidiadau yn y pwysedd gwaed.

Os ydych chi'n yfed gormod o ddŵr, fydd eich arennau chi ddim yn gallu ymdopi a bydd dŵr yn mynd i'ch gwaed. Bydd eich ymennydd yn chwyddo a gallai hyn achosi cyfog, confylsiynau ac o bosibl, marwolaeth.

Cyngor

Bydd cwestiynau am ddŵr yn debygol o ganolbwyntio ar beth all ddigwydd os na fyddwch chi'n yfed digon o ddŵr. Cofiwch sôn am ffrwythau a llysiau ffres gan ddweud eu bod nhw'n cynnwys llawer iawn o ddŵr.

Atebion i'r cwestiynau Profi eich hun: **www.hoddereducation.co.uk/fynodiadauadolygu**

Ffibr deietegol (polysacarid nad yw'n startsh – *NSP*)

Polysacarid yw ffibr. Hynny yw, mae'n garbohydrad cymhleth iawn. Dydy ein cyrff ni ddim yn gallu ei dreulio, felly mae'n creu swmp yn y deiet ac yn helpu i symud y bwyd sy'n wastraff drwy'r system, gan atal rhwymedd, ac mae hefyd yn glanhau waliau'r system dreulio i gael gwared ar facteria.

Swyddogaeth polysacarid nad yw'n startsh (*NSP*)

ADOLYGU

- Mae'n helpu i atal anhwylderau'r coluddyn gan gynnwys canser y coluddyn, clefyd y diferticwlwm a hemoroidau (clwyf y marchogion).
- Mae'n helpu i reoli pwysau gan fod bwyd sy'n cynnwys llawer o ffibr yn eich llenwi, ond dydy'r ffibr ddim yn cael ei dreulio.
- Mae wedi dod i'r amlwg bod deiet â llawer o ffibr yn helpu i leihau colesterol yn y gwaed.

Ffibr hydawdd:

- mae'n arafu'r broses dreulio a'r broses o amsugno carbohydradau, felly mae'n gwneud i ni deimlo'n llawn am gyfnod hirach
- mae'n helpu i reoli lefelau siwgr y gwaed
- mae'n helpu i ostwng lefelau colesterol y gwaed.

Mae ceirch, ffa, pys a chorbys yn ffynonellau da, yn ogystal â'r rhan fwyaf o ffrwythau a llysiau, yn enwedig os byddwch chi'n bwyta'r croen.

Mae **ffibr anhydawdd** yn amsugno dŵr ac yn cynyddu'r swmp ac felly'n cadw ysgarthion yn feddal, sy'n golygu y byddan nhw'n pasio'n hawdd drwy'r system dreulio. Mae hyn yn atal rhwymedd.

Mae pasta a bara cyflawn, grawnfwydydd cyflawn, reis brown a rhai ffrwythau a llysiau yn ffynonellau da.

- Mae angen o leiaf 18 g o ffibr y dydd arnom ni ond, yn ddelfrydol, dylen ni gael 30 g y dydd. Dydy'r rhan fwyaf ohonon ni yn y DU ddim yn bwyta digon o ffibr.
- Mae angen llai o ffibr ar blant, oherwydd bydd yn eu llenwi'n rhy gyflym ac, o ganlyniad, mae'n bosibl na fydden nhw'n cael digon o'r maetholion eraill sy'n angenrheidiol iddyn nhw dyfu'n iach.

Cyngor

Bydd cwestiynau am ffibr yn debygol o ofyn i chi esbonio sut i gynyddu ffibr yn y deiet. Cofiwch eu rhestru nhw, gan esbonio sut gallan nhw helpu.

Dyma un enghraifft bosibl: bwyta bara cyflawn yn lle bara gwyn, gan fod y bara cyflawn sy'n cael ei ddefnyddio i wneud y bara'n cynnwys plisgyn allanol y grawn, ac mae hynny'n ychwanegu ffibr i'r cynnyrch.

Profi eich hun

PROFI

1. Rhestrwch dair o broblemau iechyd a all godi os nad yw eich deiet yn cynnwys digon o ffibr. [3 marc]
2. Rydych chi'n gwneud pastai stêc ac arennau i rywun sydd â diffyg ffibr, ac sydd ddim yn hoffi llysiau. Sut gallwch chi roi mwy o ffibr yn y saig? [3 marc]
3. Trafodwch sut gallwch chi annog person ifanc i gynnwys mwy o ffibr yn ei ddeiet. [4 marc]

Faint o egni y mae pob un o'r macrofaetholion yn ei roi?

- Mae 1 gram o garbohydrad yn rhoi 3.75 cilocalori.
- Mae 1 gram o fraster pur yn rhoi 9 cilocalori.
- Mae 1 gram o brotein pur yn rhoi 4 cilocalori.

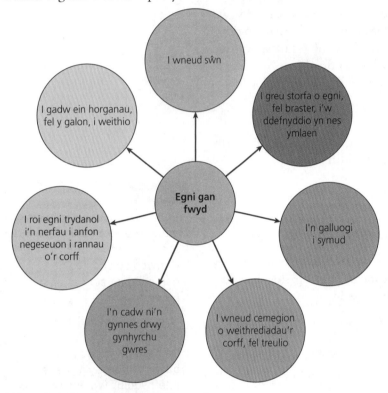

Ffigur 3.1 Ffyrdd o ddefnyddio egni

Dydy'r corff ddim yn torri fitaminau a mwynau i lawr, felly dydyn nhw ddim yn cynhyrchu egni.

Cymeriant Dyddiol Argymelledig (*RDI: Recommended Daily Intake*) a gwerthoedd egni maetholion

ADOLYGU

Tabl 3.1 Cymeriant Dyddiol Argymelledig (*RDI*) a chanran yr egni a gawn gan faetholion

Maetholyn	Cyfanswm mewn deiet 2,000 cilocalori y dydd i oedolyn	Canran yr egni a gawn gan y maetholyn hwn
Cyfanswm y braster	70 g	35%
– sy'n fraster dirlawn	20 g	11%
Cyfanswm y carbohydradau	260 g	50%
– sy'n troi'n siwgr	50 g	5% o siwgrau anghynhenid
		45% o startsh a siwgrau cynhenid
Protein	50 g	15%

- **Siwgrau anghynhenid** – dyma'r rhai y gallwch chi eu gweld, fel y siwgr y byddwch chi'n ei roi mewn teisennau a bisgedi, neu sy'n cael ei ychwanegu at ddiodydd byrlymog).
- **Siwgrau cynhenid** – dyma'r rhai na allwch chi eu gweld (fel y siwgr mewn ffrwythau).

Ddylech chi ddim bwyta mwy na tua 7 llwy de o siwgr anghynhenid pob dydd. Mae tua 6 llwy de o siwgr mewn tun 330ml o ddiod byrlymog fel Coca Cola.

Cyngor

Mae'n bosibl y cewch chi gwestiwn yn gofyn sut gall pobl fwyta llai o galorïau. Bydd angen i chi gynnwys gwybodaeth am y cilocalorïau sydd ym mhob un o'r tri macrofaetholyn, a dangos y gall pobl fwyta llai o galorïau'n gyffredinol drwy fwyta llai o fraster. Cofiwch gynnwys gwybodaeth am y canllawiau. Y Cymeriant Dyddiol Argymelledig (*RDI*), yn ôl y Llywodraeth, yw dim mwy na 2,000 o galorïau pob dydd.

Profi eich hun

PROFI

1 Mae pryderon ynghylch nifer y plant sy'n cael problemau mawr gyda phydredd dannedd. Awgrymwch dri rheswm pam mae hyn yn digwydd, gan gyfeirio at faint o siwgr anghynhenid sy'n cael ei fwyta. [4 marc]
2 Rhowch ddau reswm pam mae'r llywodraeth yn argymell mai dim ond 20g o fraster dirlawn y dylai oedolyn ei fwyta fel rhan o ddeiet 2,000 cilocalori y dydd. [2 farc]
3 Trafodwch pam mae'n well i rywun sy'n ceisio colli pwysau fwyta mwy o garbohydradau na bwydydd braster, ac awgrymwch ddwy saig y bydden nhw'n gallu eu bwyta i frecwast i'w helpu i golli pwysau. [6 marc]

Sut mae maetholion yn gweithio gyda'i gilydd yn y corff?
Gweithredoedd cyflenwol y maetholion

ADOLYGU

Yr enw ar y ffordd y mae maetholion yn gweithio gyda'i gilydd yw **gweithredoedd cyflenwol**.

Tabl 3.2 Maetholion cyflenwol

Pa faetholion sy'n gweithio gyda'i gilydd?	Beth maen nhw'n ei wneud gyda'i gilydd?
Fitamin D a chalsiwm	Mae fitamin D yn helpu'r corff i amsugno calsiwm.
Fitamin C a haearn	Mae fitamin C yn helpu'r corff i ddefnyddio'r haearn di-hema o blanhigion sydd i'w gael mewn llysiau ac sy'n anoddach i'r corff ei amsugno.
Potasiwm a sodiwm	Mae bwyta bwyd sy'n llawn potasiwm yn helpu'r arennau i gael gwared ar ormodedd o sodiwm. Gall gormod o sodiwm, neu halen, yn y deiet gyfrannu at bwysedd gwaed uchel, trawiad ar y galon a strôc.
Tryptoffan a niasin	Mae niacin (fitamin B$_3$) a tryptoffan yn gweithio gyda'i gilydd i greu protein newydd yn y corff.
Fitamin B$_{12}$ a ffolad/asid ffolig (fitamin B$_9$)	Mae'r rhain yn gweithio gyda'i gilydd i helpu gyda chellraniad a dyblygu, pan fydd y corff yn gwella a phan fydd ffoetws yn datblygu.
Copr a sinc	Mae'r rhain yn cystadlu â'i gilydd i gael eu hamsugno yn y coluddyn. Ceisiwch osgoi bwyta bwydydd sy'n cynnwys y ddwy elfen hybrin hyn ar yr un pryd.
Llysiau deiliog gwyrdd tywyll a brasterau	Mae'r rhan fwyaf o'r mwynau yn y llysiau hyn yn fraster-hydawdd, felly bydd bwyta ffynhonnell iach o fraster gyda llysiau gwyrdd yn helpu'r corff i amsugno'r mwynau.

Ffigur 3.2 Grawnfwyd wedi'i atgyfnerthu â fitamin D, gyda llaeth

Profi eich hun

PROFI

1 Awgrymwch ddau bryd y gallai llysieuwyr eu bwyta i gael fitamin C a haearn ac esboniwch pam mae'n bwysig bwyta'r bwydydd hyn gyda'i gilydd. [4 marc]
2 Esboniwch pam mae'n bwysig bwyta bwydydd sy'n cynnwys fitamin D a chalsiwm gyda'i gilydd. [3 marc]
3 Awgrymwch ddwy ffordd o goginio llysiau deiliog gwyrdd i helpu i amsugno'r mwynau sydd ynddyn nhw. [2 farc]

Faint o egni sydd ei angen arnom ni?

Cyfradd Metabolaeth Waelodol (*BMR*)

ADOLYGU

Mae'r **Gyfradd Metabolaeth Waelodol** (*BMR: Basal Metabolic Rate*) yn dangos faint o egni sydd ei angen ar ein corff i barhau i weithio i'n cadw ni'n fyw. Dyma'r egni sydd ei angen:

● i barhau i anadlu
● i wneud cemegion yn y corff
● i'r galon barhau i guro
● i organau eraill barhau i weithio
● i'r gwaed barhau i bwmpio ac i'r nerfau barhau i weithio.

Tabl 3.3 Cyfradd Metabolaeth Waelodol (cilocalorïau pob dydd)

Bechgyn (1–17 oed)	Merched (1–17 oed)	Dynion (18–75 oed)	Menywod (18–75 oed)
550–1,500 cilocalori	500–1,350 cilocalori	1,695–1,350 cilocalori	1,350–1,090 cilocalori

● Bydd *BMR* plant yn cynyddu wrth iddyn nhw dyfu.
● Bydd *BMR* oedolion yn gostwng ychydig wrth iddyn nhw fynd yn hŷn.

Lefel Gweithgaredd Corfforol (*PAL*)

ADOLYGU

Mae'r **Lefel Gweithgaredd Corfforol** (*PAL: Physical Activity Level*) yn dangos faint o weithgarwch corfforol rydych chi'n ei wneud, fel eistedd, sefyll, cerdded, rhedeg neu ymarfer corff sydd wedi'i strwythuro a'i gynllunio. Bydd hyn yn newid yn ôl faint o weithgarwch corfforol rydych chi'n ei wneud.

Atebion i'r cwestiynau Profi eich hun: **www.hoddereducation.co.uk/fynodiadauadolygu**

Tabl 3.4 Lefelau Gweithgaredd Corfforol

PAL	Gweithgarwch dyddiol	Ffordd o fyw
Llai na 1.4	Claf yn yr ysbyty, mewn gwely	Anweithgar
1.4–1.55	Ychydig o weithgarwch corfforol yn y gwaith neu yn ystod amser hamdden	Eisteddog
1.6	Ymarfer corff cymedrol, menyw	Cymedrol weithgar
1.7	Ymarfer corff cymedrol, dyn	Cymedrol weithgar
1.7–2.0	Gweithiwr yn y diwydiant adeiladu; rhywun sy'n ymarfer corff yn y gampfa am awr pob dydd	Cymedrol weithgar
2.0–2.4	Yn gorfforol weithgar yn y gwaith, e.e. hyfforddwr ffitrwydd	Gweithgar iawn
2.4+	Athletwr proffesiynol, chwaraewr pêl-droed ac ati	Gweithgar iawn

Ffigur 3.3 Gallwch chi gynyddu eich *PAL* drwy fod yn fwy gweithgar

Gofyniad Cyfartalog a Amcangyfrifir (*EAR*)

ADOLYGU

I gyfrifo faint o egni sydd ei angen arnoch chi i gynnal eich pwysau, rhaid dod o hyd i'ch **Gofyniad Cyfartalog a Amcangyfrifir** (*EAR: Estimated Average Requirement*), a chyfrifo nifer y caloriau sydd eu hangen arnoch chi pob dydd.

Cyfradd Metabolaeth Waelodol × Lefel Gweithgaredd Corfforol = Gofyniad Cyfartalog a Amcangyfrifir

$$BMR \times PAL = EAR$$

- Bydd *EAR* plant yn cynyddu o'u genedigaeth hyd nes byddan nhw'n 18 oed.
- Mae *EAR* merched yn llai nag *EAR* bechgyn.
- Mae *EAR* oedolion yn cynyddu wrth i'r Lefel Gweithgaredd Corfforol (*PAL*) gynyddu.
- Mae *EAR* oedolion yn lleihau wrth i bobl fynd yn hŷn a symud llai.

Profi eich hun

PROFI

1 Pam mae Cyfradd Metabolaeth Waelodol (*BMR*) plant yn cynyddu wrth iddyn nhw dyfu? [2 farc]
2 Esboniwch pam mae gan athletwr proffesiynol Ofyniad Cyfartalog a Amcangyfrifir (*EAR*) llawer uwch na gyrrwr bws. [4 marc]
3 Rhowch ddau reswm sy'n esbonio pam mae *EAR* merched yn llai nag *EAR* bechgyn. [2 farc]
4 Awgrymwch dair ffordd y gallai merch ifanc yn ei harddegau gynyddu ei Lefel Gweithgaredd Corfforol (*PAL*). [3 marc]

Cyngor

Bydd cwestiynau am *BMR* ac *EAR* weithiau'n cynnwys disgrifiad o sefyllfaoedd unigolion penodol, ac yn gofyn sut gallan nhw gynyddu eu *PAL* i'w helpu nhw i golli pwysau. Er enghraifft, mae'n bosibl na fydd rhywun sy'n gweithio mewn swyddfa yn gwneud dim ymarfer corff yn ystod yr wythnos. Gan ei fod yn eistedd yn ei gadair am y rhan fwyaf o'r diwrnod, mae angen iddo gynyddu ei *PAL*. Byddai angen i chi awgrymu sut gallai wneud hynny.

4 Cynllunio deietau cytbwys

Y canllawiau sy'n cael eu hargymell ar gyfer deiet iach

Y Canllaw Bwyta'n Dda

ADOLYGU

Mae'r Canllaw Bwyta'n Dda yn dangos cyfran y bwydydd y dylen ni eu cynnwys yn ein deiet i wneud yn siŵr ein bod yn bwyta cydbwysedd da o fwydydd iach. Mae'n dangos faint o'r bwydydd rydyn ni'n ei fwyta ddylai ddod o bob grŵp bwyd.

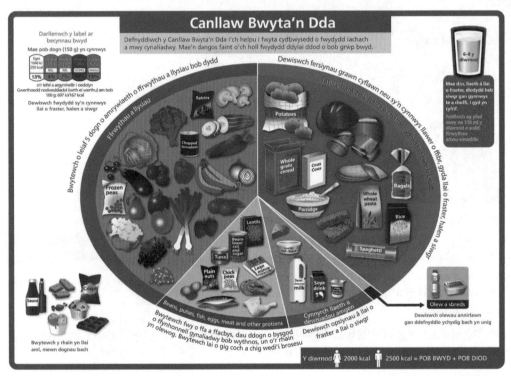

Ffigur 4.1 Y Canllaw Bwyta'n Dda

- Y grŵp gwyrdd: ffrwythau a llysiau (o leiaf pum cyfran y dydd).
- Y grŵp melyn: bwydydd startsh (dylid seilio prydau bwyd ar y rhain).
- Y grŵp pinc: bwydydd protein (dylech chi fwyta o leiaf dwy gyfran o bysgod yr wythnos, a dylai un o'r rhain fod yn bysgod olewog; dylech chi fwyta mwy o ffa a ffacbys; dylech chi fwyta llai o gig wedi'i brosesu fel ham a chig moch).
- Y grŵp glas: cynnyrch llaeth ac opsiynau eraill.
- Y grŵp porffor: olew annirlawn (fel olew llysiau/olew olewydd) a sbreds â chynnwys braster isel. Mae'r grŵp hwn yn cynnwys llawer o fraster a chaloriau, felly peidiwch â bwyta gormod ohono.
- Bwydydd sy'n cynnwys llawer o fraster a/neu siwgr: dydy'r rhain ddim wedi'u cynnwys ar y plât oherwydd dydyn nhw ddim yn rhan o ddeiet cytbwys.
- Dŵr (gan gynnwys te, coffi a rhywfaint o sudd ffrwythau): i hydradu.
- Mae enghraifft o'r system labelu goleuadau traffig wedi'i chynnwys er gwybodaeth.

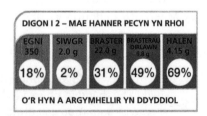

Ffigur 4.2 System labelu goleuadau traffig

Cymeriant Dyddiol Argymelledig

ADOLYGU

Mae'r Llywodraeth hefyd yn argymell faint o bob maetholyn y dylech chi ei fwyta. Yr enw ar hyn yw'r Cymeriant Dyddiol Argymelledig (*RDI: Recommended Daily Intake*).

Tabl 4.1 *RDI* ar gyfer grwpiau oed gwahanol

Oedran	*RDI* (mewn gramau)		
	Protein	Braster	Carbohydradau
1–3 oed	15 g		
4–5 oed	20 g		
6–10 oed	28 g	70 g	220 g
11–14 oed	42 g	70 g	220 g
15–18 oed	55 g	70 g	230 g
Menywod	45 g	70 g	230 g
Dynion	55 g	95 g	300 g

Nid oes Cymeriant Dyddiol Argymelledig ar gyfer braster a charbohydrad i blant ifanc.

Bwyta'n iach – wyth o gynghorion

ADOLYGU

Mae wyth o gamau iach y gallwch chi eu cymryd tuag at ddeiet cytbwys.

1 **Defnyddiwch fwydydd startsh fel sylfaen eich prydau:** bydd y rhain yn eich llenwi ac yn rhyddhau egni'n araf.
2 **Bwytwch o leiaf pum cyfran o ffrwythau a llysiau pob dydd:** mae 80 g o ffrwythau neu lysiau, 3 llwy fwrdd o lysiau, neu un gwydraid 150 ml o sudd ffrwythau i gyd yn cyfrif fel un gyfran. Mae ffrwythau a llysiau ffres, wedi'u rhewi neu mewn tun i gyd yn cyfrif. Dim ond unwaith y gallwch chi gyfrif pob ffrwyth neu lysieuyn, waeth sawl cyfran o'r ffrwyth neu'r llysieuyn hwnnw y byddwch chi'n ei bwyta mewn diwrnod.
3 **Bwytwch o leiaf ddwy gyfran o bysgod yr wythnos, a dylai un o'r rhain fod yn bysgod olewog:** mae pysgod olewog yn rhoi asidau brasterog Omega 3 sy'n dda i'r galon.
4 **Bwytwch lai o fraster dirlawn a siwgr:** bydd hyn yn helpu i atal clefyd y galon, gordewdra a phydredd dannedd. Chwiliwch am fraster cudd mewn bwydydd parod.
5 **Bwytwch lai o halen, dim mwy na 6 g y dydd i oedolion:** os byddwch chi'n bwyta gormod o halen, gall eich pwysedd gwaed godi a gall achosi clefyd y galon. Mae rhai bwydydd yn cynnwys halen cudd; chwiliwch amdano.
6 **Yfwch ddigon o ddŵr:** bydd hyn yn hydradu'r corff, yn eich helpu i dreulio bwyd ac i atal rhwymedd.
7 **Cofiwch fwyta brecwast:** mae gwaith ymchwil wedi dangos bod pobl sy'n bwyta brecwast yn gweithio'n well yn yr ysgol neu yn y gwaith, ac yn gallu canolbwyntio am gyfnod hirach.
8 **Symudwch fwy a chadwch lygad ar eich pwysau:** mae pobl sy'n ymarfer yn rheolaidd yn llai tebygol o gael problemau iechyd fel gordewdra, problemau gyda'r galon ac esgyrn gwan wrth iddyn nhw fynd yn hŷn.

Ffigur 4.3 Mae cyfran o'r rhain i gyd yn cyfrif tuag at eich pump y dydd sy'n cael ei argymell

Strategaeth Bwyd a Maeth ar gyfer Cymru

ADOLYGU

Nod strategaeth maeth yr Asiantaeth Safonau Bwyd, sef **'Bwyd a Lles'** yw gwella deiet ac iechyd pobl Cymru, yn enwedig pobl ifanc, plant a babanod, grwpiau ar incwm isel a grwpiau agored i niwed (gan gynnwys yr henoed a grwpiau lleiafrifoedd ethnig), dynion canol oed a menywod o oedran beichiogi. Mae'r strategaeth yn argymell:

- cynyddu'r nifer sy'n bwyta deiet iach a chytbwys
- annog pobl i fwyta mwy o ffrwythau a llysiau
- datblygu mentrau i atal a rheoli gordewdra
- cynyddu'r nifer sy'n bwyta'n iach, gan ddefnyddio cynlluniau a pholisïau cenedlaethol
- rhoi gwybodaeth i'r rhai sy'n gwneud y prif benderfyniadau o ran mynd i'r afael â diffyg maeth
- gofalu bod gan y cyhoedd ddigon o wybodaeth
- rhoi mentrau lleol ar waith
- datblygu a hyrwyddo mentrau gyda'r diwydiant bwyd.

Dyma rai cynlluniau eraill:-

- **Bwyd a Ffitrwydd – Hybu Bwyta'n Iach a Gweithgarwch Corfforol i Blant a Phobl Ifanc yng Nghymru:** mae'n cynnwys awgrymiadau ynghylch sut gallai plant a phobl ifanc wneud mwy o weithgarwch corfforol. Mae hefyd yn awgrymu darparu mwy o fwydydd iach mewn ysgolion, rhoi gwersi coginio a gwersi maeth a chynnig mwy o amrywiaeth o ran gweithgarwch corfforol. Mae'n cynnwys datblygu Cynlluniau Ysgolion Iach – Rhwydwaith Cymru.
- **Newid am Oes/Change4Life:** ei nod yw helpu pobl i golli pwysau a'i reoli drwy fwyta bwyd mwy maethlon a gwneud mwy o ymarfer corff.
- **Cymru Iach ar Waith:** rhaglen a sefydlodd Llywodraeth Cymru i helpu pobl o oedran gwaith yng Nghymru i fod yn ffit ac yn iach.
- **Her Iechyd Cymru:** cafodd ei greu gan Iechyd Cyhoeddus Cymru.
- **Mind, Exercise, Nutrition, Do it! (MEND):** cynllun atgyfeirio ar gyfer plant sydd dros eu pwysau ac yn ordew.
- **Cynllun Gweithredu Blas am Oes:** ei nod yw gwella safonau maeth bwyd a diod mewn ysgolion.
- **Rheoliadau Bwyta'n Iach (Safonau Maeth a Gofynion) (Cymru) 2013:** mae'r rhain yn nodi'r math o fwyd y gall, ac na all, ysgolion eu darparu.

> **Camgymeriad cyffredin**
>
> Gallai cwestiwn am ddeiet cytbwys ofyn am y Canllaw Bwyta'n Dda a gofyn i chi esbonio pam mae maint pob grŵp o fwyd yn wahanol. Bydd angen i chi esbonio pa fwydydd sydd yn y grŵp penodol hwnnw ar y plât, a pham mae'r maetholion yn y grŵp hwnnw'n bwysicach i'r corff na'r bwydydd yn y grwpiau llai. Cofiwch gynnwys gwybodaeth am y maetholion yn y grŵp hwnnw a dweud beth yw eu swyddogaeth yn y deiet.

Profi eich hun

PROFI

1. Esboniwch pam mai bwydydd startsh yw un o'r prif grwpiau bwyd yn y Canllaw Bwyta'n Dda. [4 marc]
2. Rhestrwch dri o'r wyth cam y mae Llywodraeth y DU yn argymell y dylen ni eu cymryd i wneud yn siŵr ein bod ni'n cael deiet iach ac esboniwch sut gall y tri cham hyn wella'n deiet. [3 marc]
3. Pam ddylem ni fwyta dwy gyfran o bysgod bob wythnos, a pham y dylai un o'r rhain fod yn olewog? [2 farc]

Sut mae anghenion maeth yn newid yn ôl oedran

Babanod a phlant ifanc

ADOLYGU

- O'u genedigaeth, mae babanod yn cael llaeth, naill ai llaeth y fron neu laeth fformiwla mewn potel.
- Unwaith y bydd y babi'n ddigon hen, bydd yn raddol yn dechrau bwyta bwyd solet. **Diddyfnu** yw'r enw ar y broses hon.
- Dylai bwydydd a all achosi alergedd gael eu cyflwyno'n raddol. Os oes gan aelodau agos o'r teulu alergedd penodol, mae'n well aros nes bydd y babi dros flwydd oed cyn cyflwyno'r bwyd hwnnw.
- Dylech chi gyflwyno amrywiaeth dda o fwydydd i sicrhau deiet cytbwys.
- Does dim angen bwydydd melys na siwgr ychwanegol ar fabanod, gan y gallai hyn roi dant melys iddyn nhw'n ddiweddarach.

Plant 1–4 oed

ADOLYGU

- Fel arfer mae'r plant hyn yn egnïol iawn, ac yn tyfu'n gyflym.
- Mae angen diodydd a phrydau bach, rheolaidd arnyn nhw er mwyn iddyn nhw gael digon o egni drwy gydol y dydd.
- Hefyd, mae angen iddyn nhw gael deiet gyda mwy o fraster er mwyn cael digon o egni.
- Mae angen yr holl facrofaetholion a microfaetholion ar y plant hyn gan eu bod yn dal i dyfu, ac mae eu cyrff yn dal i ffurfio.

Plant 5–12 oed

ADOLYGU

- Dylai plant yr oed yma fod yn egnïol iawn ac maen nhw'n tyfu'n gyflym.
- Mae ymarfer corff yn helpu i gryfhau'r cyhyrau a defnyddio'r calsiwm sydd ei angen arnyn nhw. Mae hyn yn creu dwysedd esgyrn, gan arwain at uchafswm màs esgyrn (*peak bone mass*), a bydd hyn yn helpu i atal problemau, fel esgyrn gwan, pan fyddan nhw'n heneiddio.
- Dylai plant yr oed yma fwyta 28 g o brotein y dydd a thua 1,900 cilocalori y dydd i fechgyn a 1,700 cilocalori y dydd i ferched.

Plant yn eu harddegau

ADOLYGU

- Dyma oedran pan rydych chi'n newid o fod yn blentyn i fod yn oedolyn.
- Bydd merched yn cael cyfnodau o dyfu'n gyflym ac yn aml byddan nhw'n dechrau cyfnod y glasoed yn gynharach na bechgyn. Gall plant yn eu harddegau dyfu nifer o gentimetrau mewn ychydig o fisoedd.
- Bydd bechgyn yn datblygu llawer iawn o feinwe cyhyrau ac felly mae angen digon o brotein i gynnal y twf hwn.
- Mae angen yr holl fwynau a'r fitaminau hanfodol i helpu'r esgyrn a'r organau mewnol i ffurfio'n iawn. Fyddwn ni ddim yn cyrraedd uchafswm màs esgyrn nes byddwn ni tua 30 oed.
- Gallai merched yn eu harddegau fod â thuedd i ddatblygu anaemia, gan y byddan nhw'n dechrau eu mislif yn ystod y cyfnod hwn. Dylen nhw fwyta bwydydd gyda llawer o haearn, yn ogystal â bwydydd â llawer o fitamin C i helpu i amsugno'r haearn.
- Mae plant yn eu harddegau, yn enwedig merched, yn ymwybodol iawn o ddelwedd y corff.

Ffigur 4.4 Mae angen prydau cytbwys, iach ar blant yn eu harddegau

Oedolion a phobl hŷn

ADOLYGU

- Nid yw cyrff oedolion yn parhau i dyfu ond mae angen yr holl faetholion arnyn nhw o hyd er mwyn i'r corff barhau i weithio'n iawn, ac i atgyweirio ac adnewyddu celloedd.
- Hefyd mae angen i oedolion atal clefydau a chyflyrau cysylltiedig â'r deiet rhag datblygu.

Oedolion ifanc

- Dylen nhw fwyta bwydydd llawn calsiwm i barhau i greu dwysedd yn eu hesgyrn a rhag i'w hesgyrn wanhau wrth iddyn nhw fynd yn hŷn (fyddwn ni ddim yn cyrraedd uchafswm màs esgyrn nes ein bod tua 30 oed).

Beichiogrwydd

- Mae angen i ferched beichiog fwyta deiet iach a chytbwys a chymryd gofal ychwanegol i fwyta digon o'r maetholion a ganlyn:
  - Mae angen calsiwm er mwyn i ysgerbwd y babi ffurfio'n iawn. Mae angen y rhan fwyaf o'r calsiwm yn ystod tri mis olaf y beichiogrwydd. Rhaid i'r fam sicrhau bod ganddi ddigon o galsiwm iddi hi a'r babi.

> **Cyngor**
>
> Gallai cwestiynau am y testun hwn ofyn i chi gynllunio pryd o fwyd i berson mewn grŵp oedran arbennig. Meddyliwch am yr holl faetholion sydd eu hangen ar bobl o'r oedran hwn, a chofiwch gynnwys bwydydd a fydd yn rhoi'r maetholion hynny iddyn nhw. Esboniwch pam rydych chi'n cynnwys bwyd penodol, pa faetholyn y mae'n ei gynnwys a pham mae'n bwysig i'r grŵp oedran penodol hwnnw.

- ○ Mae angen fitamin D i helpu i amsugno calsiwm yn y corff. Os nad yw'r fam yn bwyta digon o galsiwm, bydd y babi'n amsugno calsiwm o'i hesgyrn hi, a bydd y rhain yn mynd yn wannach.
- ○ Mae haearn yn creu hemoglobin yn y gwaed i gludo ocsigen yn ystod y broses resbiradu. Rhaid i'r babi adeiladu storfa o haearn a fydd yn para am dri mis cyntaf ei fywyd, gan na fydd yn cael unrhyw haearn o laeth.
- ○ Bydd fitamin C yn helpu i amsugno haearn yn y corff.
- ○ Bydd asid ffolig/ffolad yn lleihau'r perygl i'r babi ddatblygu nam ar yr asgwrn cefn, fel spina bifida.
- ○ Mae ffibr yn bwysig oherwydd gall rhwymedd fod yn broblem yn ystod beichiogrwydd.
- ○ Rhaid osgoi bwyta gormod o fwydydd llawn braster a siwgr a bwyta deiet cytbwys, iach.

Canol oed

- Mae pobl canol oed yn dechrau bod yn llai egnïol, felly maen nhw'n dueddol o ennill pwysau wrth i'w Gofyniad Cyfartalog a Amcangyfrifir (*EAR*) leihau oherwydd gostyngiad yn eu Lefel Gweithgaredd Corfforol (*PAL*).
- Mae'n bwysig gwneud yn siŵr nad ydych chi'n bwyta gormod o gilocalorïau rhag i chi ddatblygu clefydau sy'n gysylltiedig â bod dros eich pwysau, fel diabetes.
- Rhaid i ddynion canol oed, yn arbennig, gymryd gofal rhag datblygu clefyd y galon. Dyma grŵp sy'n cael ei flaenoriaethu o ran codi ymwybyddiaeth o ddeiet a'i wella.

Oedolion hŷn

- Mae'n bwysig cadw pwysau'r corff o fewn amrediad iach. Mae gan bobl hŷn Gyfradd Metabolaeth Waelodol (*BMR*) is, ac fel arfer maen nhw'n gwneud llai o ymarfer corff, felly mae angen llai o galorïau arnyn nhw.
- Mae angen i bobl hŷn fwyta:
  - ○ fitamin D a chalsiwm i helpu i osgoi osteomalacia
  - ○ ffibr a dŵr i osgoi rhwymedd
  - ○ fitamin C a bwydydd llawn haearn i helpu'r corff i amsugno haearn ac i osgoi anaemia
  - ○ gwrthocsidyddion i helpu i osgoi problemau gyda'r llygaid a chanser
  - ○ bwydydd sy'n cynnwys fitamin B_{12}.
- Mae angen i bobl hŷn osgoi:
  - ○ bwydydd llawn braster a siwgr, gan eu bod yn llai egnïol ac maen nhw'n fwy tebygol o ennill pwysau
  - ○ sodiwm (halen), oherwydd gall hyn arwain at bwysedd gwaed uchel a chlefyd y galon.
- Gallai problemau iechyd eraill gynnwys trafferthion cnoi oherwydd dannedd gosod neu glefyd Parkinson a thrafferth torri bwyd oherwydd arthritis.

Sut mae anghenion maeth yn newid yn ôl dewisiadau ffordd o fyw

Credoau crefyddol

Hindŵiaid

- Mae nifer o Hindŵiaid yn llysieuwyr, ond mae rhai yn bwyta pysgod.
- Hyd yn oed os nad ydyn nhw'n llysieuwyr, dydyn nhw ddim yn bwyta cig eidion na phorc.
- Mae rhai yn dewis peidio â bwyta wyau.

Profi eich hun

1 Esboniwch pam ddylai plant rhwng un a phedair oed gael prydau bach, rheolaidd drwy gydol y dydd. **[2 farc]**
2 Enwch ddau fath o fwydydd y dylai pobl hŷn eu hosgoi, ac esboniwch pam mae angen iddyn nhw osgoi'r rhain. **[4 marc]**
3 Esboniwch y term 'uchafswm màs esgyrn', a dywedwch pam mae'n bwysig ei gyrraedd cyn troi'n 30 oed. **[3 marc]**

Cyngor

Bydd cwestiynau am grefyddau gwahanol yn aml yn gofyn i chi restru rheolau am ddeiet y grefydd dan sylw, a chynllunio pryd o fwyd i rywun sy'n dilyn deiet y grefydd honno. Dysgwch reolau sylfaenol y tair crefydd sydd wedi'u cynnwys yma, yna meddyliwch am seigiau rydych chi wedi'u gwneud sydd ddim yn cynnwys bwydydd y mae'r grefydd honno'n eu gwahardd.

Atebion i'r cwestiynau Profi eich hun: **www.hoddereducation.co.uk/fynodiadauadolygu**

Mwslimiaid

- Rhaid i'w holl fwyd fod yn **halal**. Ystyr hyn yw bod yr anifail yn cael ei ladd mewn ffordd arbennig.
- Mae bwydydd anghyfreithlon, neu **haram**, yn cynnwys porc neu gynnyrch porc, gelatin o anifail os na chafodd ei ladd yn unol â gofynion halal, alcohol (neu unrhyw fwydydd sy'n cynnwys alcohol), bwydydd sy'n cynnwys emwlsyddion wedi'u gwneud o fraster anifeiliaid, rhai mathau o fargarîn, diodydd sy'n cynnwys caffein, a bara sy'n cynnwys burum sych.
- Mae digwyddiad arbennig, sef Ramadan, yn rhan bwysig o grefydd Mwslimiaid. Cyfnod o ymprydio yw hwn, yn ystod nawfed mis y calendr Islamaidd, pan na fydd Mwslimiaid yn bwyta yn ystod golau dydd.

Iddewon

- Dim ond bwyd **kosher** mae Iddewon yn cael ei fwyta.
- Dim ond pysgod sydd â chen ac esgyll y gall Iddewon eu bwyta.
- Mae porc a physgod cregyn wedi'u gwahardd.
- Ni ddylai cynnyrch llaeth na chig gael eu paratoi, eu coginio na'u bwyta gyda'i gilydd.

Llysieuwyr

Mae pobl yn troi'n llysieuwyr am nifer o resymau gwahanol. I rai, mae'n rheswm moesegol, gan eu bod yn anghytuno â lladd anifeiliaid i'w bwyta, ac â'r ffordd y mae anifeiliaid yn cael eu trin yn ystod y broses o'u magu a'u lladd. Nid yw rhai llysieuwyr yn hoffi blas cig, neu maen nhw'n meddwl bod deiet llysieuol yn iachach. Mae deiet llysieuol yn rhan o rai crefyddau.

Mathau o lysieuwyr

- **Llysieuwyr lacto-ofo:** dydyn nhw ddim yn bwyta cig na physgod, ond maen nhw'n bwyta wyau, caws a llaeth, a chynnyrch llaeth fel iogwrt.
- **Llysieuwyr lacto:** mae'r rhain yn bwyta fel llysieuwyr lacto-ofo ond dydyn nhw ddim yn bwyta wyau.
- **Feganiaid (neu lysieuwyr llym):** dydy'r rhain ddim yn bwyta cig na physgod, na dim cynnyrch anifeiliaid o unrhyw fath. Felly, dydyn nhw ddim yn bwyta llaeth, caws nac wyau. Dim ond bwyd o blanhigion y maen nhw'n ei fwyta.

Pa faetholion sy'n brin yn eu deiet?

- **Haearn:** dim ond haearn di-hema (sy'n dod o lysiau) y mae feganiaid yn ei fwyta, felly mae angen iddyn nhw fwyta bwydydd sy'n cynnwys fitamin C gyda'u prydau.
- **Protein:** nid yw feganiaid yn bwyta protein *HBV*, felly dylen nhw fwyta cyfuniad o fwydydd sy'n cynnwys protein *LBV* (protein cyflenwol) gyda'i gilydd.
- **Fitamin B$_{12}$:** dim ond mewn bwydydd sy'n dod o anifeiliaid y mae i'w gael, felly dylai feganiaid gymryd y fitamin yn atodol.

ADOLYGU

Cyngor

Gallai cwestiynau am lysieuwyr ofyn i chi addasu rysáit safonol i'w gwneud yn addas i lysieuwr neu fegan. Gofalwch eich bod chi'n gwybod pa fath o lysieuwr y mae'r cwestiwn yn sôn amdano. Os yw'n sôn am fegan, cofiwch nad ydyn nhw'n bwyta cynnyrch anifeiliaid, felly allwch chi ddim defnyddio cynnyrch sy'n cynnwys gwynnwy.

Cynllunio deiet cytbwys i bobl ag anghenion deietegol penodol neu ddiffyg maeth

Clefyd coeliag

ADOLYGU

- Anoddefedd protein o'r enw glwten yw'r cyflwr hwn. Mae'r glwten yn niweidio leinin y coluddyn bach. O ganlyniad, mae'n anoddach i'r corff amsugno maetholion.
- Nid yw'n bosibl cael gwared ar **glefyd coeliag**, ond mae'n bosibl ei wella drwy fwyta deiet heb glwten.
- Mae bwydydd heb glwten i'w cael mewn archfarchnadoedd.

Ffigur 4.5 Cynnyrch heb glwten

Diabetes Math 2

ADOLYGU

- Math o ddiabetes **nad yw'n ddibynnol ar inswlin** yw hwn ac mae'n aml yn datblygu wrth i ni fynd yn hŷn.
- Oherwydd deiet llawn siwgr plant a phobl ifanc, mae nifer cynyddol ohonyn nhw'n datblygu'r cyflwr.
- Hormon o'r enw inswlin sy'n rheoli lefelau siwgr y gwaed ac mae hwn yn cael ei ryddhau o'r pancreas. Os ydych chi'n bwyta gormod o fwydydd melys, gall y pancreas roi'r gorau i ryddhau inswlin.
- Mae pobl sydd dros eu pwysau neu'n ordew hefyd mewn perygl o ddatblygu'r clefyd.
- Os yw glwcos yn aros yn y gwaed, gallai niweidio'r pibellau gwaed yn eich llygaid yn y pen draw, ac achosi dallineb.
- Mae'n gallu cyfyngu ar lif y gwaed i'ch dwylo, i'ch traed ac i fysedd eich traed gan achosi haint. Yn yr achosion gwaethaf, rhaid eu torri i ffwrdd.
- Mae hefyd yn gallu niweidio'r arennau.
- Mae'n bosibl rheoli diabetes Math 2 drwy fwyta deiet iach, cytbwys sy'n seiliedig ar garbohydradau startsh cymhleth.
- Yn 2015 roedd gan 177,000 o bobl yng Nghymru ddiabetes, ac oherwydd bod y gyfradd o bobl ordew yng Nghymru yn uwch nag yn unman arall yn y DU, mae'r risg o ddatblygu diabetes Math 2 yn fwy.

Clefyd cardiofasgwlar

ADOLYGU

- Mae **clefyd cardiofasgwlar** yn effeithio ar y galon neu bibellau'r gwaed. Mae clefyd cardiofasgwlar yn cynnwys clefyd coronaidd y galon a strôc.
- Gall braster sy'n cronni ar waliau'r rhydweliau sy'n cyflenwi'r galon gyfyngu ar lif y gwaed i'r galon.
- Mae hyn yn achosi i'r rhydweliau galedu a chulhau.

Clefyd coronaidd y galon (*CHD: coronary heart disease*)

- Dyma pryd mae'r rhydweliau sy'n cyflenwi'r galon yn culhau, neu'n cau, ac wedyn dydy'r gwaed ddim yn gallu llifo'n iawn i'r galon.
- Lefelau uchel o golesterol yn y gwaed sy'n achosi'r cyflwr hwn.
- Gall pwysedd gwaed uchel a bod dros eich pwysau neu'n ordew hefyd gyfrannu at *CHD* gan fod hynny'n rhoi straen ar y rhydweliau a'r galon.
- Gallwch chi leihau'r risg o ddatblygu *CHD* drwy:
  - fwyta mwy o ffrwythau, llysiau a ffibr
  - dewis bwydydd sydd â llai o fraster

  ○ grilio neu bobi bwydydd yn lle eu ffrio
  ○ gwneud ymarfer corff, colli pwysau a stopio ysmygu
  ○ bwyta llai o halen.
- *CHD* yw un o brif achosion marwolaeth yng Nghymru.
- Mae'r gyfradd sydd â chlefyd y galon yn uwch yng Nghymru nag yn Lloegr a llawer o wledydd eraill Ewrop.

Strôc

- Mae hyn yn digwydd pan fydd rhwystr yn cau pibell waed i'r ymennydd a does dim digon o ocsigen yn cyrraedd rhan o'r ymennydd. Mae hyn yn niweidio neu'n dinistrio celloedd yr ymennydd.
- Bydd angen i'r rhai sydd wedi cael strôc fwyta'r un math o ddeiet â phobl sydd â *CHD*.

Gordewdra

ADOLYGU

- Mae pobl ordew yn llawer mwy tebygol o gael problemau iechyd gan gynnwys risg gynyddol o ddatblygu clefyd coronaidd y galon, pwysedd gwaed uchel, diabetes Math 2, problemau gyda'r cymalau a symud, strôc a rhai mathau o ganser.
- Mae pobl ordew'n aml yn fyr eu gwynt pan fyddan nhw'n cerdded neu'n cymryd rhan mewn gweithgaredd corfforol ac mae'n bosibl iddynt ddioddef o hunan-barch isel neu ddioddef o iselder.
- Mae *BMI* rhwng 25 a 29.9 yn golygu eich bod dros eich pwysau. Mae *BMI* rhwng 30 a 39.9 yn golygu eich bod yn ordew. Mae *BMI* o 40 ac uwch yn golygu eich bod yn hynod ordew.
- Dylai pobl ordew:
  ○ fwyta llai o fwydydd llawn braster a siwgr sy'n rhoi egni ond dim llawer o faetholion (e.e. teisennau, bisgedi, creision, diodydd byrlymog a melys)
  ○ bwyta digon o ffrwythau a llysiau, a bwydydd llawn ffibr i'w llenwi (er enghraifft, fel grawnfwydydd grawn cyflawn, bara cyflawn, pasta a reis brown)
  ○ grilio, stemio neu bobi bwyd gan ychwanegu prin ddim braster, yn hytrach na'i ffrio
  ○ defnyddio fersiynau o fwydydd sy'n cynnwys llai o fraster, fel caws, llaeth, sbreds a sawsiau
  ○ darllen y labeli ar fwyd i wneud yn siŵr nad ydyn nhw'n cynnwys siwgr ychwanegol, neu ddefnyddio fersiynau ohonyn nhw sy'n cynnwys llai o siwgr
  ○ gwneud mwy o weithgarwch corfforol – cerdded i fyny'r grisiau yn lle defnyddio'r lifft; mynd i nofio neu i'r gampfa.
- Mae 58% o oedolion yng Nghymru dros eu pwysau neu'n ordew.
- Mae cyfradd gordewdra ymhlith plant yn uwch yng Nghymru nag yn unman arall yn y DU. Mae 35% o blant o dan 16 oed yn cael eu hystyried dros eu pwysau neu'n ordew.

Anaemia a diffyg haearn

ADOLYGU

Os na chewch chi ddigon o haearn yn eich bwyd, byddwch chi'n datblygu diffyg haearn neu anaemia. Bydd hynny'n digwydd am na fyddwch chi'n cynhyrchu digon o haemoglobin yng nghelloedd coch y gwaed i gludo ocsigen o amgylch eich corff.
- Mae symptomau anaemia'n cynnwys blinder, dim egni, bod yn fyr eich gwynt a golwg welw.
- Y rhai sy'n debygol o ddatblygu anaemia yw menywod beichiog, merched yn eu harddegau sy'n cael mislif trwm, llysieuwyr a feganiaid.

Diffyg calsiwm ac iechyd yr esgyrn

ADOLYGU

- Mae angen calsiwm i greu dannedd ac esgyrn iach.

- Os na chewch chi ddigon o galsiwm yn eich deiet, gallech chi ddatblygu **osteoporosis** a **hypocalcaemia**.
- Gall diffyg calsiwm dros gyfnod hir effeithio ar eich cof, gall greu plycio (*spasms*) yn y cyhyrau, diffyg teimlad a merwino (*tingle*) yn y dwylo a'r traed. Gall hefyd achosi iselder a rhithwelediadau.
- I osgoi diffyg calsiwm, dylech chi fwyta bwydydd sy'n llawn calsiwm (er enghraifft, cynnyrch llaeth a physgod olewog) neu gymryd calsiwm yn atodol.

Pydredd dannedd

ADOLYGU

Yn y DU, mae gan dri deg tri y cant o oedolion ryw fath o bydredd dannedd. Mae'n bosibl osgoi hyn drwy:
- fwyta llai o fwydydd melys, llawn siwgr
- glanhau eich dannedd yn ofalus ar ôl pob pryd
- osgoi diodydd melys, llawn siwgr, ac ychwanegu dŵr at sudd ffrwythau.

Yn 2013, awgrymwyd bod gan 41% o blant 5 oed, 52% o blant 12 oed, a 63% o bobl ifanc 15 oed yng Nghymru bydredd dannedd.

> **Cyngor**
>
> Gallai cwestiynau am anghenion deietegol penodol neu ddiffyg maeth ofyn i chi nodi rhai bwydydd y byddai angen i bobl sydd â chyflwr deietegol penodol eu hosgoi, a dweud pam mae angen iddyn nhw eu hosgoi. Cofiwch esbonio beth fyddai'r bwydydd dan sylw'n ei wneud i berson sydd â'r cyflwr penodol hwnnw. Un enghraifft fyddai cwestiwn yn gofyn am wybodaeth am glefyd coeliag: byddech chi'n esbonio anoddefedd glwten, yn disgrifio beth sy'n digwydd yn y coluddyn, yn rhestru bwydydd sy'n cynnwys glwten ac yn awgrymu bwydydd y gallech chi eu bwyta yn eu lle.

Alergeddau ac anoddefedd

ADOLYGU

Alergedd i gnau

Gall adweithiau alergaidd ddigwydd ymhen ychydig o funudau ar ôl bwyta'r bwyd, ond dydy pob un ddim yn adwaith difrifol.
Symptomau:
- brech ar y croen
- gall eich llygaid ddechrau cosi
- gall eich trwyn ddechrau rhedeg
- gall eich gwefusau, eich amrannau a'ch wyneb chwyddo
- gallwch chi ddechrau gwichian wrth anadlu neu besychu.

Mewn adwaith eithafol mae'r gwddf yn dechrau chwyddo a dydy'r unigolyn ddim yn gallu anadlu. Yr enw ar hwn yw sioc anaffylactig. Os bydd rhywun yn gwybod bod ganddo alergedd i gnau, yn aml iawn, bydd yn cario pen arbennig o'r enw EpiPen a fydd yn gallu rhoi chwistrelliad o adrenalin iddo i leihau'r chwydd.

Gall alergeddau i gnau beryglu bywyd.

Anoddefedd lactos

- Os oes gan rywun **anoddefedd lactos**, mae ganddo alergedd i siwgr mewn llaeth, sef lactos. Nid yw'n gallu treulio'r math arbennig hwn o siwgr gan nad yw'r ensym iawn yn ei goluddyn bach.
- Gall y symptomau gynnwys ymchwyddo, gwynt, dolur rhydd, a chyfog.

> **Cyngor**
>
> Gallai cwestiwn arholiad ganolbwyntio ar anoddefedd lactos, a gofyn i chi awgrymu bwydydd y gallai rhywun sydd â'r cyflwr eu bwyta i osgoi lactos. Cofiwch newid yr holl gynnyrch llaeth yn y rysáit i fwydydd heb lactos sydd wedi'u cynhyrchu'n arbennig, neu gynhwysion eraill fel llaeth soia, almon a reis.

- Nid yw'r cyflwr yn peryglu bywyd ond mae'n anghyfforddus iawn i'r dioddefwr.
- Rhaid i bobl sydd â'r cyflwr hwn osgoi cynnyrch llaeth.

Profi eich hun

PROFI

1 Esboniwch beth yw diabetes Math 2, a rhestrwch ddwy broblem iechyd hirdymor y gallai'r cyflwr hwn eu hachosi. [4 marc]
2 Disgrifiwch dri o symptomau anaemia, a nodwch ddau grŵp sy'n fwy tebygol nag eraill o ddatblygu'r cyflwr. [5 marc]
3 Awgrymwch ffyrdd o atal pydredd dannedd ymhlith plant ifanc. [4 marc]
4 Gan ddefnyddio'r tabl isod, nodwch y bwydydd hynny yn y rysáit sy'n anaddas i bobl sydd ag anoddefedd lactos, ac awgrymwch fwydydd eraill y gallech chi gynnwys yn eu lle. [4 marc]

Tabl 4.2 Blodfresych mewn saws caws

Cynhwysion	Cynhwysion anaddas i berson sydd ag anoddefedd lactos	Cynhwysion gwahanol i'w defnyddio yn eu lle
1 flodfresychen		
25 g o fenyn		
25 g o flawd		
250 ml o laeth		
100 g o gaws Cheddar		
25 g o friwsion bara (topin)		
25 g o gaws parmesan (topin)		

Cynllunio deiet cytbwys i bobl ag anghenion egni uchel

Athletwyr a phobl sy'n cymryd rhan mewn chwaraeon

ADOLYGU

Mae angen i athletwyr a phobl sy'n cymryd rhan mewn chwaraeon fwyta bwydydd a fydd yn rhoi mwy o egni iddyn nhw er mwyn iddyn nhw fedru cystadlu'n dda a chynnal pwysau eu corff. Dyma sut mae athletwyr yn cael egni yn eu cynllun deiet sylfaenol:

- daw 55% o'r egni o garbohydrad
- daw 12–15% o'r egni o brotein
- daw llai na 30% o'r egni o fraster.

Dylen nhw seilio'u deiet ar y canlynol:

- carbohydradau grawn cyflawn fel sylfaen prydau bwyd, a dylen nhw fwyta carbohydradau ychwanegol pob dydd, yn ôl faint y maen nhw'n ymarfer
- cynnydd yn y protein y maen nhw'n ei fwyta i'w helpu i adfer ac atgyweirio'u cyrff ar ôl ymarfer, yn ogystal ag adeiladu cyhyrau ychwanegol.

Ffigur 4.6 Mae pobl sy'n cymryd rhan mewn chwaraeon yn defnyddio llawer o egni

Profi eich hun

PROFI

1 Cynlluniwch bryd o fwyd i chwaraewr rygbi ei fwyta cyn chwarae gêm.
Nodwch y maetholion sydd wedi'u cynnwys yn y pryd. [4 marc]

Cyfrifo gwerthoedd egni a gwerthoedd maethol ryseitiau, prydau a deietau

Cyfrifo egni a maetholion

Rydyn ni'n mesur egni mewn **cilojoules (kJ)** neu mewn **cilocaloriau (kcal)**.

Dyma werthoedd kJ a kcal y tri macrofaetholyn.

Tabl 5.1 Gwerthoedd kJ a kcal macrofaetholyn

Ffynhonnell egni	Gwerth egni mewn kJ	Gwerth egni mewn kcal
1 g o garbohydrad pur	15.7	3.75
1 g o fraster pur	37.8	9.0
1 g o brotein pur	16.8	4.0

I gyfrifo'r egni mewn bwyd penodol, mae angen lluosi nifer y gramau yn y bwyd hwnnw â gwerth egni pob maetholyn, ar ffurf kcal, sydd yn y bwyd hwnnw. Bydd yn rhaid i chi ddefnyddio cyfrifiannell ar-lein i ddarganfod faint o bob maetholyn sydd yn y bwyd penodol hwnnw.

Er enghraifft, i gyfrifo faint o kcal sydd mewn 100 g o gaws Cheddar:
- mae 100 g o gaws Cheddar yn cynnwys 25.5 g o brotein, 35 g o fraster a 0.1 g o garbohydrad.
- cyfanswm yr egni o'r protein = 25.5 × 4 = 102 kcal
- cyfanswm yr egni o'r braster = 35 × 9 = 315 kcal
- cyfanswm yr egni o'r carbohydrad = 0.1 × 3.75 = 0.375 kcal
- cyfanswm yr egni mewn 100 g o gaws Cheddar = 417.375 kcal

Os oes mwy neu lai na 100 g o gaws mewn rysáit, mae angen i chi luosi'r symiau.

Mae'n bosibl cyfrifo faint o egni sydd ym mhob cynhwysyn mewn rysáit, pryd a deiet fel hyn.

> **Cyngor**
>
> Mae'n bosibl y cewch rysáit sy'n rhoi cyfanswm y gramau o brotein, braster a charbohydrad sydd ym mhob cynhwysyn. Bydd angen i chi luosi'r rhain â nifer y kcal ym mhob gram o bob macrofaetholyn a'u hadio. Os yw'r cwestiwn yn gofyn am nifer y kcal ym mhob cyfran, rhannwch eich ateb â nifer y cyfrannau.

Cyfrifo gwerthoedd egni mewn rysáit

ADOLYGU

I gyfrifo nifer y kcal mewn rysáit, cymerwch fesur o bob cynhwysyn a nodwch nifer y kcal ym mhob un. Yna, adiwch y kcal yn y rysáit gyfan.

Er enghraifft, dyma faint o kcal sydd mewn rysáit ar gyfer blodfresych mewn saws caws:
- 250 g o flodfresych = 70 kcal
- 100 g o gaws Cheddar = 417 kcal
- 25 g o flawd = 85 kcal
- 25 g o fargarîn = 185 kcal
- 250 ml o laeth hanner sgim = 117 kcal
- cyfanswm = 872 kcal
- rhannwch â phedwar ar gyfer 4 cyfran = 218 kcal ym mhob cyfran.

> **Profi eich hun**
>
> PROFI
>
> 1 Cyfrifwch gyfanswm yr egni sydd mewn un sgonsen. [3 marc]
> - sgons syltanas (digon i wneud 12)
> - 225 g o flawd = 742 kcal
> - 50 g o fargarîn = 372 kcal
> - 75 g o siwgr = 295 kcal
> - 100 g o syltanas = 275 kcal
> - 250 ml o laeth hanner sgim = 115 kcal

Cyfrifo gwerth egni deiet unigolyn

ADOLYGU

I gyfrifo sawl cilocalori (kcal) y mae unigolyn yn ei fwyta mewn diwrnod, adiwch gyfanswm y cilocaloriau ym mhob pryd a byrbryd.

Addasu prydau o fwyd a deietau

Mae angen i bobl newid eu deiet yn ôl oedran, ffordd o fyw, clefyd neu gyflwr meddygol, alergedd ac anoddefedd. Rhaid i'r canlynol addasu eu deiet:

- pobl sy'n perthyn i **gredoau crefyddol** gwahanol, fel Mwslimiaid, Hindŵiaid ac Iddewon, sydd â chyfreithiau deietegol sy'n dweud beth gallan nhw ac na allan nhw ei fwyta
- pobl sydd â **chredoau moesegol** gwahanol, fel llysieuwyr a feganiaid
- menywod **beichiog**
- pobl sy'n ceisio **colli pwysau**
- pobl sydd â chlefydau penodol fel clefyd coeliag neu *CHD*
- pobl sydd ag **alergeddau** ac **anoddefeddau** fel alergedd i gnau neu anoddefedd lactos.

I gadw deiet yn iach ac yn gytbwys, rydyn ni'n cael ein cynghori'n aml i fwyta llai o fraster, siwgr a halen a bwyta mwy o ffibr.

Lleihau braster

ADOLYGU

- Dewis darn o gig â llai o fraster ac edrych faint o fraster sydd mewn briwgig cig eidion.
- Grilio, pobi neu stemio bwydydd yn hytrach na'u ffrio.
- Torri braster oddi ar gig.
- Dewis fersiynau o fwydydd sydd â llai o fraster fel sbreds a chynnyrch llaeth.
- Taenu llai o fenyn a margarîn ar fara.
- Defnyddio dresins eraill yn lle mayonnaise, sydd â chynnwys braster uchel, i'w roi ar salad.
- Prynu pysgod tun, fel tiwna ac eog, mewn dŵr halen yn hytrach nag olew.

Lleihau siwgr

ADOLYGU

- Defnyddio llai o siwgr mewn ryseitiau.
- Defnyddio melysyddion mewn diodydd poeth a ffrwythau wedi'u stiwio.
- Defnyddio bwydydd melys eraill fel moron (teisen foron), bananas aeddfed, ffrwythau sych a ffres i felysu teisennau a bisgedi.

Lleihau halen

ADOLYGU

- Defnyddio perlysiau, sbeisys a phupur i roi blas ar fwyd.
- Bwyta llai o fwydydd wedi'u prosesu sy'n cynnwys halen anweladwy, fel cig moch, ham, caws, creision a chnau mwnci wedi'u halltu.
- Prynu fersiynau o fwydydd â llai o halen.
- Defnyddio cynnyrch arall yn lle halen, fel Lo-Salt, i roi blas ar fwyd.
- Darllen labeli i weld faint o sodiwm, sodiwm deucarbonad, monosodiwm glwtamad a phowdr codi sydd yn y bwyd – mae'r rhain i gyd yn cynnwys sodiwm.

Cynyddu ffibr

ADOLYGU

- Bwyta cynnyrch grawn cyflawn fel bara, grawnfwydydd, pasta a reis.
- Defnyddio blawd cyflawn, neu flawd cyflawn a blawd gwyn hanner a hanner, wrth bobi.
- Ychwanegu ceirch neu fran gwenith at dopins crymbl, crwst a ryseitiau eraill.
- Ychwanegu ffrwythau sych at ryseitiau teisennau.
- Ychwanegu ffrwythau ffres neu ffrwythau sych at rawnfwydydd brecwast.
- Defnyddio ffrwythau ffres i wneud smwddis.
- Bwyta croen ffrwythau a llysiau, e.e. tatws trwy'u crwyn.
- Bwyta uwd i frecwast.
- Ychwanegu llysiau wedi'u torri at sawsiau pasta neu bastai'r bwthyn.

Cyngor

● Gallai un math o gwestiwn am addasu deietau a phrydau ofyn i chi restru'r gwahanol ffyrdd o fwyta llai o fraster, siwgr neu halen, neu o fwyta mwy o ffibr. Byddai angen i chi wneud rhestr sy'n cynnwys nifer o atebion i gyd-fynd â nifer y marciau sydd ar gael ar gyfer y cwestiwn.

● Gall math arall o gwestiwn ofyn i chi, er enghraifft, addasu rysáit er mwyn cynnwys mwy o ffibr. Yna, byddai angen i chi nodi bwydydd sy'n cynnwys llawer o ffibr, y gallech chi eu defnyddio yn lle'r cynhwysion gwreiddiol.

● Gallai cwestiynau eraill ofyn i chi newid cynhwysion i greu rysáit sy'n addas i rywun sydd â chyflwr deietegol penodol, fel anoddefedd lactos neu glefyd coeliag.

Profi eich hun

PROFI

1 Awgrymwch dair ffordd o leihau halen yn y deiet. [3 marc]
2 Rhowch ddau reswm i esbonio pam byddai angen i rywun fwyta llai o fraster ac awgrymwch bedair ffordd y bydden nhw'n gallu newid eu deiet er mwyn gwneud hynny. [6 marc]
3 Edrychwch ar y pryd bwyd canlynol ac awgrymwch dair ffordd o ychwanegu mwy o ffibr ato. [3 marc]

Prif gwrs
Pysgodyn mewn saws madarch
Tatws wedi'u berwi
Pys
Pwdin
Crymbl afal a chwstard

Bwyta bwydydd sy'n rhoi mwy o egni i chi

ADOLYGU

Os ydych chi am fwyta mwy o fwyd sy'n rhoi egni i chi, er enghraifft os ydych chi'n cymryd rhan mewn chwaraeon ac yn ymarfer at ddigwyddiad penodol fel marathon, mae angen i chi fwyta mwy o garbohydradau.

Mae angen bwyta mwy o brotein os ydych chi'n ceisio magu cyhyrau, er enghraifft pobl sy'n codi pwysau.

Cydbwysedd egni

Ystyr cydbwysedd egni yw bwyta union yr un faint o egni ag y byddwn ni'n ei ddefnyddio pob dydd. Felly, fyddwn ni ddim yn ennill nac yn colli pwysau.

● Os ydych chi'n bwyta gormod, ac yn cael gormod o egni o'r bwyd rydych chi'n ei fwyta, bydd yn cael ei storio fel braster yn eich corff a byddwch chi'n ennill pwysau.

● Os byddwch chi'n bwyta llai o egni nag y byddwch chi'n ei ddefnyddio, byddwch chi'n colli pwysau.

● Pan rydych chi'n ifanc, rydych chi'n debygol o fod yn fwy egnïol nag y byddwch chi wrth fynd yn hŷn. Felly, oni bai eich bod chi'n bwyta llai o fwyd wrth i chi fynd yn llai egnïol, byddwch chi'n magu pwysau.

Er mwyn cynnal pwysau'r corff, rhaid i'r hyn rydych chi'n ei fwyta gyfateb i'r egni rydych chi'n ei ddefnyddio.

Ffigur 5.1 Bydd angen i berson sy'n codi pwysau gynyddu ei gymeriant protein i fagu cyhyrau

Cyngor

Gallai cwestiynau am fwyta a defnyddio egni ofyn i chi gynllunio neu addasu bwydlen unigolyn penodol, fel rhywun sy'n ceisio colli pwysau. Byddai angen i chi edrych ar y prydau bwyd ac awgrymu bwydydd eraill a fyddai'n cynnwys llai o kcal. Gofalwch eich bod chi'n trafod y ffaith y byddai rhaid i'r unigolyn ddefnyddio mwy o egni nag y byddai'n ei fwyta er mwyn colli pwysau. Edrychwch hefyd ar y ffordd y mae'r person yn byw, gan awgrymu y gallai symud mwy neu wneud mwy o ymarfer corff er mwyn defnyddio mwy o egni.

Profi eich hun

PROFI

1 Esboniwch pam dylai rhywun fwyta llai o galorïau (egni) wrth iddyn nhw fynd yn hŷn i osgoi magu pwysau. [3 marc]
2 Awgrymwch bedair ffordd y gallai gweithiwr swyddfa addasu ei becyn bwyd i leihau nifer y kcal y mae'n ei fwyta amser cinio. [4 marc]
3 Cynlluniwch bryd o fwyd i beldroediwr ei fwyta cyn chwarae gêm. Nodwch y cynhwysion a fydd yn rhoi egni ychwanegol i'r peldroediwr. [6 marc]

6 Yr effaith y mae coginio yn ei chael ar fwyd

Pam rydyn ni'n coginio bwyd?

- I ddinistrio bacteria niweidiol.
- I wneud bwyd yn haws ei gnoi, ei lyncu a'i dreulio.
- I ddatblygu blas bwyd.
- I alluogi bwyd i godi, i dewychu, i doddi ac i setio.
- I ladd tocsinau a gwenwyn naturiol mewn bwyd.
- I wneud i fwyd edrych ac arogli'n well.
- I gynhyrchu amrywiaeth o fwydydd gan ddefnyddio dulliau coginio gwahanol.
- I ddarparu bwyd poeth mewn tywydd oer.

Sut mae gwres yn cael ei drosglwyddo yn ystod y broses goginio?

Ffynhonnell wres

Ffigur 6.1 Dargludiad wrth goginio ar hob

- Math o egni yw gwres. Wrth i wres roi egni i'r moleciwlau mewn bwyd, maen nhw'n dechrau dirgrynu a symud. Y mwyaf cyflym y maen nhw'n symud, y mwyaf o wres sy'n cael ei gynhyrchu.
- Mae metel yn ddargludydd gwres da; mae plastig, gwydr a chadachau yn ddargludyddion gwael.

Dargludiad

ADOLYGU

Mae hyn yn digwydd pan fydd gwres yn cyffwrdd ag offer neu ddarn o fwyd yn uniongyrchol, er enghraifft ffrio mewn padell boeth (gweler Ffigur 6.1).

Darfudiad

ADOLYGU

Dim ond mewn hylifau a nwyon y mae hyn yn digwydd. Mae **cerrynt darfudiad** yn digwydd pan fydd hylif poeth yn codi, gan adael i hylif oerach ddisgyn. Wrth i'r hylif godi yn y sosban, bydd yn dechrau oeri eto, felly mae'n dechrau disgyn yn ôl i'r gwaelod, lle bydd yn cael ei gynhesu eto.

Mae ceryntau darfudiad yn digwydd yn y ffwrn hefyd. Mae aer poeth yn codi ac aer oerach yn disgyn.

Ffigur 6.2 Ceryntau darfudiad

Pelydriad

ADOLYGU

Mae hyn yn digwydd drwy ofod neu aer. Mae pelydriad yn trosglwyddo egni drwy wagle gan ddefnyddio tonnau **electromagnetig** anweledig. Tonnau isgoch neu ficrodonnau yw'r tonnau hyn.

- Mae bwyd yn amsugno tonnau gwres **isgoch** pan fyddan nhw'n ei gyrraedd, ac maen nhw'n creu gwres y tu mewn i'r bwyd, sy'n ei goginio. Dyma sy'n digwydd pan fyddwch chi'n rhoi bwyd o dan y gril.

• Mae bwyd yn amsugno **microdonnau**, gan wneud i'r moleciwlau ddirgrynu a chynhesu, a choginio'r bwyd. Mae microdonnau'n mynd yn syth drwy wydr, llestri tsieni a phlastig heb eu cynhesu. Dyna pam mae'r holl ddysglau sy'n addas ar gyfer ffwrn ficrodonnau wedi'u gwneud o'r defnyddiau hyn. Bydd metel yn adlewyrchu'r microdonnau ac yn niweidio'r ffwrn ficrodonnau, felly peidiwch â rhoi pethau metel mewn ffwrn ficrodonnau.

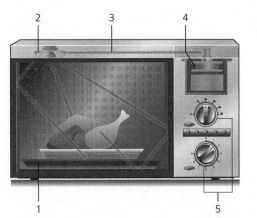

Allwedd

1. Bwrdd tro

2. Ffan fetel i wasgaru'r microdonnau

3. Creu microdonnau yn y magnetron a'u pwmpio i wagle'r ffwrn

4. Y magnetron

5. Switshis i amseru a rheoli'r microdonnau ar gyfer swyddogaethau gwahanol y ffwrn

Ffigur 6.3 Sut mae ffwrn ficrodonnau yn cynhyrchu pelydriad

Seigiau sy'n dibynnu ar fwy nag un dull o drosglwyddo gwres

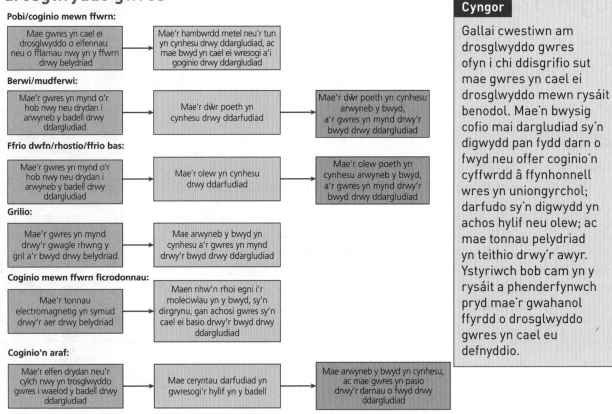

Ffigur 6.4 Seigiau sy'n dibynnu ar fwy nag un dull o drosglwyddo gwres

Cyngor

Gallai cwestiwn am drosglwyddo gwres ofyn i chi ddisgrifio sut mae gwres yn cael ei drosglwyddo mewn rysáit benodol. Mae'n bwysig cofio mai dargludiad sy'n digwydd pan fydd darn o fwyd neu offer coginio'n cyffwrdd â ffynhonnell wres yn uniongyrchol; darfudo sy'n digwydd yn achos hylif neu olew; ac mae tonnau pelydriad yn teithio drwy'r awyr. Ystyriwch bob cam yn y rysáit a phenderfynwch pryd mae'r gwahanol ffyrdd o drosglwyddo gwres yn cael eu defnyddio.

Profi eich hun

PROFI

1 Esboniwch pam nad yw dolennau sosbenni'n cael eu gwneud o fetel, fel arfer. [2 farc]

2 Rhowch enghraifft o ddull coginio sy'n dangos dwy ffordd o drosglwyddo gwres, gan esbonio sut mae'r gwres yn cael ei drosglwyddo. [4 marc]

3 Nodwch ddull coginio sy'n defnyddio cerrynt darfudiad i drosglwyddo gwres. Disgrifiwch sut mae cerrynt darfudiad yn cael ei greu, gan ddefnyddio diagramau. [3 marc]

Dewis dulliau coginio priodol i gadw neu i addasu gwerth maethol bwydydd, ac i wella blasusrwydd prydau bwyd

Cadw gwerth maethol

ADOLYGU

Tabl 6.1 Sut mae maetholion yn cael eu difetha?

Maetholyn	Pa mor hawdd yw hi i'w ddifetha?
Protein	Dydy gwres ddim yn ei ddifetha, ond mae newidiadau cemegol yn achosi dadnatureiddiad
Carbohydrad	Dydy gwres ddim yn ei ddifetha, ond mae newidiadau cemegol yn arwain at ddiraddiad startsh
Braster	Dydy gwres ddim yn ei ddifetha, ond mae rhai dulliau coginio yn ychwanegu braster (e.e. ffrio) a rhai yn lleihau'r cynnwys braster (e.e. grilio)
Fitaminau braster-hydawdd A, D, E a K	Bydd y rhain yn gollwng o'r bwyd i'r braster os bydd bwydydd sy'n cynnwys y fitaminau hyn yn cael eu coginio drwy ddefnyddio braster
Fitaminau dŵr-hydawdd B ac C	Bydd gwres yn difetha'r rhain a byddan nhw'n toddi yn y dŵr y mae'r bwyd yn cael ei goginio ynddo
Mwynau	Dydy'r broses goginio ddim yn effeithio ar y rhain

Y prif fwydydd a allai golli maeth wrth eu coginio yw'r rhai sy'n cynnwys fitaminau. Mae nifer o fitaminau i'w cael mewn ffrwythau a llysiau, felly rhaid coginio'r rhain yn ofalus i wneud yn siŵr bod cymaint o fitaminau â phosibl yn cael eu cadw yn y bwyd.

Dulliau o goginio bwydydd sy'n cynnwys fitamin A i gadw eu gwerth maethol

- Gweini'r braster fel rhan o'r saig, er enghraifft ychydig iawn o fraster sy'n cael ei ddefnyddio wrth dro ffrio bwyd, ac mae'r bwyd yn cael ei orchuddio â'r braster wrth iddo goginio, felly fel arfer mae'n cael ei fwyta fel rhan o'r saig.
- Stemio neu ferwi llysiau.
- Defnyddio'r olew neu'r braster sydd wedi'i ddefnyddio i goginio bwydydd i wneud grefi neu saws.

Dulliau o goginio bwydydd sy'n cynnwys fitaminau dŵr-hydawdd i gadw eu gwerth maethol

Mae gwres yn eu difetha'n hawdd, ac maen nhw'n toddi mewn dŵr wrth eu coginio. Mae fitamin C hefyd yn cael ei ddifetha os daw i gysylltiad ag ocsigen.

- Prynu'r bwydydd mor ffres â phosibl, oherwydd bydd mwy o fitamin C yn y rhain.
- Eu paratoi ar y munud olaf fel eu bod nhw'n dod i gysylltiad ag aer am gyn lleied o amser â phosibl.
- Dewis dull coginio sy'n defnyddio cyn lleied o ddŵr â phosibl; stemio yn hytrach na berwi, defnyddio ffwrn ficrodonnau, neu ffrio mewn ychydig o olew.
- Eu coginio am gyn lleied o amser â phosibl a'u gweini ar unwaith, oherwydd yr hiraf y bydd y bwydydd yn cael eu cadw'n boeth, y mwyaf o fitamin C sy'n cael ei ddifetha.
- Defnyddio'r hylif coginio i wneud saws, grefi neu gawl.
- Pobi gwreiddlysiau fel tatws neu datws melys yn gyfan i gadw'r fitamin C.

Ffigur 6.5 Bydd eich dull coginio yn effeithio ar werth maethol y bwyd

Addasu gwerth maethol

ADOLYGU

- **Lleihau braster, siwgr neu halen:** addasu'r rysáit drwy ddefnyddio cynhwysion gwahanol.
- **Cynyddu ffibr:** ychwanegu cynhwysion grawn cyflawn (neu eu defnyddio yn lle'r cynhwysion gwreiddiol), neu ychwanegu ffrwythau neu lysiau ffres, e.e. moron wedi'u gratio, at seigiau cig fel lasagne, i ychwanegu fitaminau a ffibr.
- **Ychwanegu maetholion:** ychwanegu wy neu gig wedi'i dorri'n fân, fel cig moch, at gaws macaroni i ychwanegu protein, neu ychwanegu cynnyrch powdr fel bywyn gwenith at stiw i gael mwy o brotein.

Gwella blasusrwydd pryd bwyd

ADOLYGU

Weithiau, mae angen gwella blasusrwydd bwyd.
- Pan nad oes awydd bwyd ar bobl hŷn, mae'n bwysig eu hannog nhw i fwyta drwy wneud y bwyd mor flasus â phosibl. Bydd hyn yn cynyddu llif y poer yn y geg, felly bydd yn haws iddyn nhw dreulio'r bwyd.
- Gallwch chi dyneru cig i'w wneud yn haws ei fwyta.
- Efallai y bydd pobl sy'n cael rhai triniaethau canser, fel cemotherapi, yn cael problemau gyda'r geg, ac efallai na fydd blas da ar fwyd. Mae'n bosibl ychwanegu melysyddion i wella blas a blasusrwydd y bwyd.
- Gallwch chi ychwanegu braster at fwyd. Mae'r rhan fwyaf o bobl yn mwynhau teimlad hufennog bwydydd brasterog yn y geg, felly maen nhw'n dueddol o fwyta mwy ohonyn nhw a'u mwynhau'n fwy.

Cyngor

Mae cwestiynau ar yr adran hon yn fwy tebygol o ganolbwyntio ar gadw maetholion yn y bwyd. Gallai cwestiwn ofyn sut gallech chi gadw cymaint o fitamin C â phosibl wrth baratoi a choginio bresych. Cofiwch gynnwys gwybodaeth am brynu, storio a pharatoi'r bresych yn ogystal ag awgrymu ffyrdd o'i goginio fel stemio, tro ffrio neu ei goginio yn y ffwrn ficrodonnau, i gadw'r fitamin C.

Profi eich hun

PROFI

1 Nodwch ddau fitamin sy'n cael eu difetha wrth goginio bwyd mewn braster. **[2 farc]**
2 Esboniwch sut byddech chi'n paratoi ac yn coginio sbigoglys i gadw cymaint o fitamin C â phosibl. **[4 marc]**
3 Os byddwch chi'n paratoi pryd o fwyd i rywun sy'n cael trafferth cnoi, nodwch dri pheth y gallech chi ei wneud i'r bwyd i helpu'r person i fwynhau'r pryd, a gwneud y pryd yn haws ei fwyta. **[3 marc]**
4 Trafodwch pam mae'n bwysig ychwanegu protein at bryd o fwyd i bobl sydd wedi bod yn wael, a hynny er mwyn eu cryfhau. Awgrymwch dair ffordd bosibl o wneud hyn. **[6 marc]**

Defnyddio micro-organebau yn gadarnhaol

Mae rhai micro-organebau yn ddefnyddiol wrth gynhyrchu bwyd.
- Mae iogwrt yn cael ei wneud drwy ddefnyddio bacteria cyfeillgar sy'n bwydo ar y lactos (siwgr) yn y llaeth, ac yn ei droi'n asid lactig, sy'n dadnatureiddio'r proteinau llaeth ac yn tewychu'r cynnyrch. Yr asid sy'n rhoi'r blas siarp i'r iogwrt.
- Bydd ensym o'r enw ceuled llaeth (*rennet*) yn cael ei ychwanegu wrth wneud caws, sy'n gwahanu'r llaeth yn geuled (*curds*) a maidd (*whey*). Mae'r ceuled, sef y rhan sy'n drwchus ac yn wyn, yn cael ei ddefnyddio i ffurfio'r caws. Mae llwydni'n cael ei ychwanegu at gawsiau glas, fel caws Stilton, i greu'r gwythiennau glas sydd ynddyn nhw.

Ffigur 6.6 Mae bacteria llesol yn cael ei ddefnyddio i wneud iogwrt

- Mae cynnyrch cig fel salami, chorizo a saucisson Ffrengig yn cael eu gwneud o gig wedi'i eplesu. Yn y rhain, mae bacteria yn newid asidedd y cig ac yn atal bacteria niweidiol rhag ei ddifetha. Mae hyn yn arwain at ddadnatureiddio'r protein.
- Burum, a'r eplesiad siwgr o ganlyniad i ddefnyddio burum, sy'n cynhyrchu alcohol mewn diodydd alcoholig.
- Mae burum yn cael ei ddefnyddio i wneud i fara godi.
- Gallwch chi ddefnyddio Quorn™ yn lle cig. Mycoprotein ydyw, sy'n deillio o ffwng. Mae Quorn™ heb wynnwy ar gael erbyn hyn, sy'n addas i feganiaid.

> **Cyngor**
>
> Mae'n bosibl y bydd cwestiwn yn gofyn i chi enwi cynnyrch lle mae micro-organebau yn cael eu defnyddio i greu bwydydd i bobl eu bwyta. Wrth ateb cwestiwn ar y testun hwn, mae bron yn sicr y byddai'n ddigon i chi gofio tri o fwydydd gwahanol sy'n cynnwys micro-organebau.

Ffigur 6.7 Mae llwydni'n cael ei ychwanegu at gaws Stilton i greu'r gwythiennau glas

Profi eich hun

PROFI

1 Enwch dri math o fwyd sy'n defnyddio micro-organebau i gynhyrchu'r canlyniad terfynol. [3 marc]
2 Esboniwch sut mae bacteria yn cael ei ddefnyddio i wneud iogwrt. [4 marc]

Nodweddion gweithredol a phriodweddau cemegol a swyddogaethol cynhwysion

Proteinau

ADOLYGU

- Mae wyau yn cynnwys protein *HBV*, ac mae ganddyn nhw holl briodweddau protein.
  - **Ceulo** pan fyddwch chi'n eu cynhesu: mae hyn i'w weld pan fydd wyau'n cael eu coginio a phan fydd eu hadeiledd yn newid.
  - **Ffurfio ewyn** (neu **ddal aer**): mae hyn i'w weld pan fydd wyau'n cael eu chwisgio neu eu curo.
- **Ffurfio glwten:** mae hyn i'w weld pan fydd toes bara'n cael ei weithio a'i dylino i ymestyn y glwten yn y blawd, gan greu adeiledd y bara.
- **Dadnatureiddio:** pan fydd y protein yn torri i lawr ac yn ffurfio adeiledd newydd. Mae protein yn dadnatureiddio wrth ei gynhesu, ei chwisgio neu ei dyneru â gordd gig, ac wrth iddo ddod i gysylltiad ag asid, er enghraifft os byddwch chi'n defnyddio marinad.

Ffigur 6.8 Cynnyrch sy'n dangos ceulo, ffurfio ewyn a dadnatureiddiad protein wy

Tabl 6.2 Swyddogaethau wyau

Swyddogaeth	Pam mae'r wy yn cael ei ddefnyddio	Enghreifftiau o ryseitiau sy'n defnyddio'r swyddogaeth hon
Beindio cynhwysion at ei gilydd	Bydd y protein yn yr wy yn ceulo (mynd yn drwchus ac yn setio) pan fydd yn cael ei gynhesu, felly mae'n dal y cynhwysion eraill at ei gilydd.	Cacennau pysgod *Croquettes* tatws
Dal aer	Bydd y protein yn yr wy yn ymestyn pan fydd yn cael ei chwisgio (dadnatureiddiad) ac, o ganlyniad, bydd yn dal aer fel swigod bach (ffurfio ewyn). Wrth goginio'r cynnyrch bydd yn caledu o amgylch yr aer.	Meringue Sbwng wedi'i chwisgio, fel swis-rôl Mousse a soufflé
Tewychu cynnyrch	Wrth gynhesu'r protein, mae'n ceulo ac yn tewychu'r cynnyrch.	Cwstard wy Quiche Lorraine
Caenu cynnyrch	Mae'r cynnyrch yn cael caen o wy a briwsion bara cyn ei ffrio. Mae'r wy yn ceulo ac yn selio'r cynnyrch yn y caen creisionllyd.	Wy selsig (*scotch egg*) Pysgod mewn briwsion bara
Creu emwlsiwn	Bydd y protein yn yr wy yn atal yr olew a'r dŵr rhag gwahanu. Yr enw ar hyn yw emwlsiwn.	Mayonnaise, pan fydd y melynwy yn dal yr olew a'r finegr at ei gilydd
Rhoi sglein ar gynnyrch	Rydych chi'n brwsio wy dros y cynnyrch i greu sglein ar ôl ei goginio (ceulo).	Crwst ar ben pasteiod Rholiau bara neu dorth

Cyngor

Gallai cwestiwn ofyn i chi esbonio beth sy'n digwydd pan fyddwch chi'n coginio wy. Bydd angen i chi esbonio dadnatureiddiad protein ac ysgrifennu am yr hyn sy'n digwydd, gan ddefnyddio'r termau gwyddonol cywir. Er enghraifft, 'Pan fyddwch chi'n coginio wy, bydd y gwres yn achosi i'r DNA dorri i lawr a chreu adeiledd newydd. Ystyr hyn yw bod lliw a gwead y gwynnwy yn newid, a bydd y melynwy'n setio. Dyma adwaith sy'n amhosibl ei wrth-droi.'

Ffigur 6.9 Wy amrwd ac wy wedi'i goginio yn dangos effeithiau dadnatureiddiad protein

Profi eich hun

PROFI ☐

1 Rhowch enghraifft o rysáit a fyddai'n gofyn i chi farinadu cig cyn ei goginio, i'w dyneru ac i roi mwy o flas arno. Esboniwch sut mae'r marinad yn gwneud y cig yn fwy brau. **[4 marc]**

2 Nodwch ddwy rysáit lle mae angen dal aer drwy chwisgio wyau. **[2 farc]**

3 Esboniwch sut mae tylino bara yn gwella adeiledd y cynnyrch terfynol. **[4 marc]**

Carbohydradau

Startsh

- **Gelatineiddio:** wrth eu cymysgu â hylif a'u cynhesu, bydd gronynnau startsh yn chwyddo ac yn torri, ac yn rhyddhau'r startsh, sydd wedyn yn ffurfio gel ac yn tewychu'r cynnyrch.
- **Decstineiddio:** bydd startsh yn troi'n siwgr pan fydd yn cynhesu. Mae hyn i'w weld pan fydd bara'n cael ei dostio ac yn troi'n frown.

Tabl 6.3 Defnyddio gwahanol fathau o flawd

Math o flawd gwenith	Rheswm dros ei ddefnyddio	Enghreifftiau o ryseitiau sy'n defnyddio'r blawd hwn
Blawd codi	Blawd meddal sy'n cynnwys powdr codi fel codydd. Mae llai na 10% o brotein, neu glwten, ynddo felly nid yw'n ymestyn.	Teisennau, bisgedi a sgons
Blawd plaen meddal	Mae'n cynnwys llai na 10% o glwten, felly mae'n cynhyrchu toes meddal sydd ddim yn ymestyn.	Crwst brau Bisgedi
Blawd plaen cryf	Mae'n cynnwys mwy na 10% o glwten, felly bydd yn cynhyrchu toes sy'n ymestyn wrth ei weithio neu ei dylino, oherwydd bydd y glwten yn ffurfio darnau sy'n ymestyn i ddal y carbon deuocsid y mae'r burum yn ei gynhyrchu.	Bara a chynnyrch bara
Blawd gwenith caled	Blawd arbennig sy'n cael ei ddefnyddio i wneud pasta. Mae'n cynnwys glwten gwydn, felly nid yw'n ymestyn yn dda iawn.	Pasta ffres

Siwgrau

- Ychwanegu melyster at gynnyrch.
- Ychwanegu gwead at gynnyrch: mae siwgr brown yn fwy crensiog gan fod y crisialau'n fwy. Mae siwgr yn meddalu glwten ac yn creu teisen feddalach.
- Ychwanegu lliw at gynnyrch: mae siwgr yn **carameleiddio** wrth ei gynhesu ac yn troi'n frown.
- Dal aer: wrth hufennu siwgr gyda braster, bydd y cymysgedd yn dal aer.

Cyngor

Gallai cwestiynau am swyddogaeth carbohydrad ofyn am ddisgrifiad manwl o'r modd y mae saws roux yn tewychu. Gofalwch eich bod chi'n cynnwys manylion sy'n esbonio sut mae gronynnau startsh yn dechrau coginio wrth iddyn nhw gael eu cymysgu â braster, ac yn parhau i goginio pan fydd hylif yn cael ei ychwanegu a'i gynhesu i'r berwbwynt. Bryd hynny, bydd y gronynnau'n torri ac yn rhyddhau startsh, gan amsugno'r hylif a thewychu'r saws. Cofiwch gynnwys y gair 'gelatineiddio' yn eich disgrifiad, gan mai dyna'r term cywir ar gyfer y broses hon.

Profi eich hun

1 Nodwch ddau fath o flawd sy'n gyffredin mewn siopau, a nodi pa ryseitiau y byddech chi'n defnyddio'r mathau hyn o flawd ar eu cyfer. Esboniwch pam maen nhw'n addas. [4 marc]
2 Rhestrwch dair o swyddogaethau siwgr, gan roi enghreifftiau o rysáit sy'n dangos y swyddogaethau hyn. [6 marc]

Brasterau ac olewau

ADOLYGU

- **Breuo (*shortening*):** mae'n creu gwead briwsionllyd, e.e. crwst brau neu fisgedi. Mae'r braster yn gorchuddio gronynnau'r blawd gyda haen wrth-ddŵr. Mae hyn yn atal y glwten rhag ffurfio darnau hir, ac yn rhoi gwead meddal i'r cynnyrch terfynol gan fod y braster wedi gwneud y darnau glwten yn frau.
- **Dal aer:** wrth hufennu braster gyda siwgr mân, bydd yn dal aer. Bydd hyn yn ffurfio ewyn sefydlog, sydd wedyn yn cael ei goginio. Bydd yr aer sydd wedi'i ddal yn codi ac yn cael ei ddal yn y glwten yn y blawd wrth i'r deisen goginio.
- **Plastigrwydd:** mae mathau gwahanol o fraster yn toddi ar dymheredd gwahanol. Mae rhai cynhyrchion wedi'u creu i fod ag ymdoddbwynt is, felly mae'n bosibl eu taenu'n syth o'r oergell. Mae gan fathau eraill o fraster, fel menyn, ymdoddbwynt uwch, felly byddan nhw'n solet wrth eu cymryd o'r oergell, ond yn meddalu mewn ystafell gynnes.
- **Emwlseiddio:** mae braster yn **hydroffobig.** Nid yw'n cymysgu'n dda â dŵr, ac mae'n dueddol o ffurfio globylau mawr pan fydd yn cael ei gymysgu â dŵr, neu hylif.

Adweithiau cemegol mewn ffrwythau a llysiau

ADOLYGU

- **Ocsidiad:** wrth dorri neu blicio ffrwythau a llysiau, mae eu harwyneb yn dod i gysylltiad ag aer. Mae'r ocsigen yn yr aer yn adweithio gyda'r ffrwythau neu'r llysiau.
- **Brownio ensymaidd:** pan fydd celloedd yn y ffrwythau neu'r llysiau'n cael eu torri, byddan nhw'n rhyddhau ensymau sy'n adweithio gydag ocsigen, gan droi'r ffrwythau neu'r llysiau yn frown.

> **Cyngor**
>
> Gallai cwestiwn am frasterau ac olewau ofyn i chi ddiffinio plastigrwydd. Bydd angen rhoi esboniad llawn, er enghraifft 'Plastigrwydd yw gallu braster i doddi ar dymheredd gwahanol. Mae gan bob math gwahanol o fraster ei ymdoddbwynt ei hun, sy'n ei wneud yn unigryw. Mae hynny'n golygu bod braster gwahanol yn addas ar gyfer ryseitiau gwahanol. Mae rhai mathau o fraster wedi'u creu'n fwriadol i fod yn feddalach ar dymheredd ystafell, er mwyn medru eu taenu ar fara yn hawdd. Un enghraifft yw "I Can't Believe it's Not Butter". Mae braster fel menyn go iawn yn solet yn yr oergell, ond yn meddalu ar dymheredd ystafell'. Bydd hyn yn dangos eich bod chi'n deall y term 'plastigrwydd' yn dda, a byddwch chi'n cael marciau llawn.

Ffigur 6.10 Afal wedi'i dorri yn dangos brownio ensymaidd

> **Profi eich hun**
>
> PROFI
>
> 1 Esboniwch sut gall braster helpu i ddal aer mewn cymysgedd teisen. [3 marc]
> 2 Esboniwch sut byddai ychwanegu margarîn at rysáit yn cynyddu gwerth maethol y cynnyrch terfynol. [2 farc]
> 3 Disgrifiwch y newidiadau cemegol sy'n digwydd pan fydd afal yn cael ei dorri ac yn troi'n frown, os bydd yn cael ei adael yn yr awyr agored. [3 marc]

Atebion i'r cwestiynau Profi eich hun: **www.hoddereducation.co.uk/fynodiadauadolygu**

Pam mae rhai ryseitiau'n methu, a sut i achub y sefyllfa

Os byddwch chi'n dilyn rysáit yn ofalus, dylai hynny sicrhau llwyddiant. Os na fyddwch chi'n llwyddo, efallai mai un o'r rhesymau isod sy'n gyfrifol am hynny:

- Defnyddio'r cynhwysion anghywir, er enghraifft blawd plaen yn hytrach na blawd codi.
- Defnyddio cynhwysion sydd wedi mynd yn hen, er enghraifft burum sych sy'n hŷn na'r dyddiad 'gwerthu erbyn'.
- Pwyso'r cynhwysion yn anghywir, er enghraifft ychwanegu gormod o siwgr, dim digon o flawd neu ormod o hylif.
- Cymysgu'r cynhwysion yn anghywir, er enghraifft efallai na wnaethoch chi weithio'r toes yn iawn wrth wneud bara ac, o ganlyniad, fe gododd yn anwastad.
- Gorweithio'r cynnyrch cyn ei goginio, er enghraifft gorweithio'r crwst a chreu toes seimllyd.
- Dim digon o amser i'r cynnyrch orffwys neu godi, er enghraifft efallai na wnaethoch chi adael i does y bara godi ac, o ganlyniad, mae'r dorth yn fflat a'i gwead yn drwm.
- Tymheredd y ffwrn yn anghywir, er enghraifft efallai na wnaethoch chi adael i'r ffwrn gynhesu ymlaen llaw, neu roedd y ffwrn yn rhy boeth neu'n rhy oer ac, o ganlyniad, mae'r eitem wedi gorgoginio neu heb goginio digon.
- Heb droi saws yn ddigon aml wrth iddo gynhesu ac, o ganlyniad, mae wedi llosgi neu mae'n llawn lympiau.

Weithiau mae'n bosibl achub y sefyllfa, ond ddim bob tro. Os gwyddoch chi beth wnaethoch chi o'i le, rydych chi'n llai tebygol o wneud yr un camgymeriad y tro nesaf y byddwch chi'n dilyn yr un rysáit.

Ffigur 6.11 Gall peidio â chymysgu'r cynhwysion yn iawn olygu y bydd teisen yn codi'n anwastad

Profi eich hun

PROFI

1 Rhowch ddau reswm pam y gallai teisen suddo yn y canol, ac esboniwch sut byddai'r rhesymau hyn yn achosi i'r deisen suddo. [4 marc]
2 Disgrifiwch beth allai fod wedi digwydd i grwst sydd wedi crebachu wrth ei goginio. [2 farc]
3 Sut mae modd gwneud yn siŵr nad yw gwead torth o fara yn drwm ac yn anwastad ar ôl ei choginio. [4 marc]

7 Dirywiad bwyd

Storio bwydydd yn gywir

Mae'n bwysig storio bwyd yn gywir i'w atal rhag difetha a mynd yn wastraff, ac i'w atal rhag cael ei halogi a chreu salwch.

Bydd y dull storio yn dibynnu ar y math o fwyd sy'n cael ei storio.

Yn yr oergell
ADOLYGU

Dylech chi storio'r bwydydd canlynol yn yr oergell:
- bwydydd ffres fel llaeth, caws, wyau, cig, pysgod a phrydau parod
- salad a rhai mathau o ffrwythau a llysiau
- bwydydd sydd â label 'i'w gadw yn yr oergell'
- rhai bwydydd y mae angen eu cadw yn yr oergell ar ôl eu hagor (darllenwch y label).

Rheolau ar gyfer storio bwyd yn yr oergell
- Dylai tymheredd yr oergell fod rhwng 0 °C a 5 °C.
- Peidiwch byth â rhoi bwyd poeth yn yr oergell, oherwydd bydd hynny'n codi'r tymheredd. Gadewch iddo oeri yn gyntaf.
- Peidiwch â gorlwytho'r oergell, oherwydd gallai hyn atal cylchrediad aer oer, sy'n angenrheidiol.
- Dylech chi gael gwared ar unrhyw fwydydd ar ôl y dyddiad 'defnyddio erbyn'.
- Storiwch gigoedd a physgod amrwd ar y silff waelod bob amser, rhag i ddiferion o'r bwyd amrwd arwain at draws-halogiad.
- Dylai cigoedd wedi'u coginio gael eu storio ar y silff uchaf, ar wahân i gigoedd amrwd.
- Lapiwch fwydydd a'u gorchuddio, neu eu rhoi mewn cynwysyddion aerglos i atal traws-halogiad.
- Dylech chi lanhau'r oergell yn rheolaidd.
- Peidiwch ag agor y drws yn rhy aml, oherwydd bydd hynny'n codi'r tymheredd.

Yn y rhewgell
ADOLYGU

- Mae rhewi bwyd yn arafu twf bacteria wrth i'r dŵr yn y bwyd rewi.
- Wrth i fwyd ddadrewi, bydd y dŵr yn dadrewi a gall y bwyd ddechrau torri i lawr.
- Bydd gweithgaredd bacteria yn dechrau pan fydd bwyd wedi cyrraedd y **parth peryglus**, sef tymheredd rhwng 5 °C a 63 °C. Felly, rhaid trin bwyd sydd wedi'i ddadrewi fel bwyd ffres, ac mae'n bwysig peidio â'i ailrewi.

Sgôr sêr rhewgell fydd yn pennu am faint o amser y gallwch chi rewi bwyd ynddo.

Tabl 7.1 Sgôr sêr rhewgelloedd

Sgôr sêr	Tymheredd	Cyfnod storio
Un seren (*) (blwch rhew mewn oergell)	−6 °C	Hyd at wythnos
Dwy seren (**)	−12 °C	Hyd at fis
Tair seren (***)	−18 °C	3–12 mis

Rheolau ar gyfer storio bwyd yn y rhewgell

- Rhaid lapio bwyd yn dda mewn bagiau rhewgell neu gynwysyddion aerglos addas, i osgoi llosg rhewgell, sy'n digwydd pan mae aer yn dod i gysylltiad â bwyd wedi'i rewi.
- Labelwch fwyd a nodi'r dyddiad er mwyn i chi wybod erbyn pryd y bydd angen i chi ei ddefnyddio.
- Peidiwch â gorlwytho'r rhewgell, oherwydd gallai hynny effeithio ar y tymheredd, a difetha'r bwyd.
- Gwiriwch y tymheredd yn rheolaidd gan ddefnyddio thermomedr rhewgell.
- Storiwch fwyd newydd ei rewi yng nghefn neu ar waelod y rhewgell, er mwyn defnyddio'r bwydydd hŷn yn gyntaf. Dyma'r rheol Cyntaf i mewn, Cyntaf allan (*FIFO: First in First out*).
- Dilynwch y cyfarwyddiadau rhewi bwyd sydd mewn ryseitiau.

Storio bwydydd sych

ADOLYGU

- Mae angen storio bwydydd tun neu fwydydd potel yn ofalus i atal halogiad ac i gadw'r ansawdd gorau.
- Dylech chi storio bwydydd ffres fel gwreiddlysiau, e.e. tatws a moron, mewn lle sych ac oer, gyda digon o aer.
- Dylai tymheredd yr ystafell fod rhwng 10 °C a 20 °C, ond yr oeraf yw'r ystafell, y gorau.
- Ddylech chi ddim storio bwyd ar y llawr, rhag i blâu ac anifeiliaid ei halogi.
- Dylech chi gadw bwyd allan o olau uniongyrchol yr haul.
- Storiwch fwydydd yn eu defnydd pecynnu gwreiddiol neu mewn cynwysyddion aerglos.
- Dylech chi nodi'r dyddiad ar fwydydd fel eu bod nhw'n cael eu bwyta o fewn yr amser sy'n cael ei argymell.
- Rhowch y bwydydd mwyaf newydd y tu ôl i'r bwydydd hŷn, i wneud yn siŵr eu bod nhw'n cael eu defnyddio yn y drefn gywir.

> **Cyngor**
>
> Efallai y bydd cwestiynau am yr adran hon yn cael eu cynnwys fel rhan o gwestiwn mwy. Er enghraifft, gallai cwestiwn ofyn i chi ddisgrifio sut byddech chi'n cadw rhai bwydydd yn ddiogel wrth baratoi, coginio a gweini bwffe. Bydd angen i chi feddwl am storio'r bwyd, cyn ei baratoi ac ar ôl hynny. Bydd angen i chi sôn am dymheredd yr oergell/ rhewgell, ble byddech chi'n rhoi'r bwyd yn yr oergell/rhewgell, sut byddech chi'n ei lapio, sut byddech chi'n osgoi halogiad, a nodi y byddech chi'n edrych ar y labeli dyddiad.

Profi eich hun

PROFI

1 Beth yw'r tymheredd cywir ar gyfer rhewgell. [1 marc]
2 Esboniwch pam dylech chi storio cig amrwd ar waelod yr oergell. [3 marc]
3 Disgrifiwch bedwar o'r amodau angenrheidiol ar gyfer storio nwyddau sych, fel blawd. [4 marc]
4 Rhestrwch ddau reswm pam mae'n bwysig rhoi bwydydd mwy newydd y tu ôl i fwydydd hŷn yn y storfa. [2 farc]

Nodau dyddiad a labelu

Bydd nod dyddiad ar bob eitem o fwyd y byddwch chi'n ei phrynu.

- **Defnyddio erbyn** (*use-by*): rhaid bwyta'r bwyd erbyn y dyddiad hwn. Dylech chi daflu'r bwyd ar ôl y dyddiad 'defnyddio erbyn'.
- **Ar ei orau cyn** (*best-before*): bydd safon y bwyd ar ei orau cyn y dyddiad hwn. Bydd y bwyd yn dal yn ddiogel i'w fwyta ar ôl y dyddiad hwn, ond ni fydd yn blasu cystal.
- **Gwerthu erbyn** (*sell-by*): mae'r dyddiad hwn at ddefnydd yr archfarchnad neu'r siop, i wneud yn siŵr bod bwyd yn cael ei werthu pan fydd ar ei orau o ran ansawdd a ffresni.

Profi eich hun

PROFI

1 Esboniwch beth yw'r rheol 'Cyntaf i Mewn, Cyntaf Allan' (*FIFO*) a pham mae mor bwysig dilyn y rheol hon. [3 marc]
2 Rhowch dri rheswm pam mae'n bwysig labelu bwydydd yn glir cyn eu rhoi yn y rhewgell. [4 marc]

Dirywiad bwyd

Gweithgaredd ensymau, tyfiant llwydni a chynhyrchu burum

ADOLYGU

Bacteria, **burum**, **llwydni** a **gweithgaredd ensymau** sy'n achosi dirywiad bwyd. Gall y rhain naill ai fod yn y bwyd, neu gynhyrchu cynnyrch gwastraff, tocsinau neu wenwyn sy'n halogi'r bwyd, fel na fydd yn ddiogel ei fwyta.

I atal twf micro-organebau, rhaid cael gwared ar un o'r amodau sydd eu hangen arnyn nhw i dyfu, sef:

- cynhesrwydd
- lleithder
- amser.

Ffigur 7.1 Llwydni ar dorth

Tabl 7.2 Dirywiad bwyd

Math o ddirywiad	Disgrifiad	Sut mae'n gweithio?	Sut i'w atal/dulliau rheoli
Gweithgaredd ensymau	Cemegion mewn planhigion ac anifeiliaid yw ensymau. Maen nhw wedi'u gwneud o broteinau. Gallan nhw achosi newidiadau dieisiau mewn bwyd, er enghraifft newid lliw. Bydd ensymau hefyd yn aeddfedu neu'n goraeddfedu ffrwythau drwy droi'r startsh yn siwgr.	Bydd yr ensymau'n anactif nes i'r bwyd gael ei gynaeafu neu ei ladd.	• Blansio ffrwythau a llysiau mewn dŵr berw am funud i anactifadu'r ensymau, ac yna eu rhoi mewn dŵr oer i atal y broses goginio. • Rhoi ffrwythau fel afalau mewn amodau asidig (e.e. mewn sudd lemon) i'w hatal rhag brownio. • Gorchuddio'r ffrwythau neu'r llysiau â haenen lynu (*cling film*) i leihau cyswllt â'r aer.

Atebion i'r cwestiynau Profi eich hun: **www.hoddereducation.co.uk/fynodiadauadolygu**

Math o ddirywiad	Disgrifiad	Sut mae'n gweithio?	Sut i'w atal/dulliau rheoli
Tyfiant llwydni	Math o ffwng yw llwydni. Gall fod yn wyrdd, yn las, yn wyn neu'n ddu.	Mae llwydni yn atgenhedlu drwy gynhyrchu sborau a fydd yn teithio yn yr aer ac yn glanio ar fwyd. Bydd y sborau'n tyfu os yw'r amodau'n iawn. Gall llwydni dyfu ar fwydydd sydd ychydig yn asidig, yn alcalïaidd, yn felys, yn hallt, yn llaith neu'n sych.	• Cadw bwyd yn oer. • Os nad oes angen cadw'r bwyd yn yr oergell, ei storio mewn lle sych ac oer. • Storio bwyd mewn amodau asidig (e.e. mewn finegr) os yw hynny'n addas. • Cynhesu bwyd i dymheredd o dros 100 °C, i atal sborau sy'n gallu gwrthsefyll gwres rhag cael eu cynhyrchu.
Cynhyrchu burum	Math o ffwng yw burum, sydd yn yr aer, mewn pridd ac ar groen rhai ffrwythau penodol.	Mae'n atgenhedlu drwy luosogi wrth i un gell ymrannu'n ddau. Blaguro (*budding*) yw enw'r broses hon.	• Cadw bwyd yn oer (llai o wres). Mae burum ynghwsg neu'n anactif ar dymheredd oer. • Os ydych chi'n cadw burum sych neu ffres i wneud bara, peidiwch â'i gadw mewn lle llaith, neu bydd hyn yn actifadu'r burum. • Mae tymheredd uchel yn lladd burum.
Bacteria	Organebau bach iawn yw bacteria, a dim ond o dan ficrosgop y gallwch chi eu gweld. Maen nhw ym mhobman: mewn dŵr, yn yr aer, ar bobl ac ar anifeiliaid.		• Storiwch fwyd yn yr oergell rhwng 0 °C a 5 °C. • Oerwch unrhyw fwyd sydd wedi'i goginio, gan wneud hynny'n gyflym, mewn llai na 90 munud, os ydych chi am ei storio er mwyn ei fwyta'n nes ymlaen. Dylech chi ei storio yn yr oergell neu yn y rhewgell. Dylech chi fwyta unrhyw fwyd dros ben cyn pen 24 awr, a'i ailwresogi un waith yn unig. Bydd ailwresogi bwyd yn actifadu'r bacteria eto. • Storiwch fwyd mewn asid (er enghraifft finegr) neu mewn llawer o halen neu siwgr.

Cyngor

Cofiwch y bydd bwyd yn llai tebygol o gael ei halogi os byddwch chi'n cael gwared ar un o'r amodau sydd eu hangen ar furum, llwydni a bacteria i dyfu, ond ni fydd hynny'n atal halogiad yn llwyr. Er enghraifft, bydd yr organebau ynghwsg mewn bwyd sydd wedi ei oeri neu ei rewi, ond byddan nhw'n dechrau tyfu eto pan fydd y tymheredd yn codi. Wrth ateb cwestiwn am atal yr organebau hyn rhag halogi bwyd, cofiwch gynnwys manylion sut i gael gwared ar un o'r amodau sydd eu hangen arnyn nhw i dyfu, a pham y byddai hynny'n arafu eu twf.

Profi eich hun

PROFI

1 Esboniwch sut mae ensymau'n newid sut mae afal yn edrych ar ôl ei dorri. [2 farc]
2 Disgrifiwch ddwy ffordd o reoli brownio ensymaidd. [4 marc]
3 Enwch dri o'r amodau sydd eu hangen ar facteria i dyfu. [3 marc]
4 Pam mae bacteria sy'n achosi gwenwyn bwyd yn tyfu orau ar dymheredd o 37 °C? [3 marc]

Arwyddion o ddirywiad bwyd

ADOLYGU

- Yn aml, rydyn ni'n cyfeirio at fwyd sydd wedi dirywio fel bwyd sydd wedi 'mynd yn hen'.
- Bydd bwyd ffres yn dechrau dirywio cyn gynted ag y mae'n cael ei gasglu neu ei ladd.
- Gall bwyd ddirywio wrth iddo sychu dros amser, a gall micro-organebau ei ddifetha hefyd.
- Pan fydd bwyd yn dirywio, bydd newidiadau i'w gweld o ran:
  - gwead - gallai deimlo'n llysnafeddog (*slimy*)
  - blas - gallai droi'n sur
  - arogl - gallai arogli'n sur neu'n ddrwg
  - golwg - gallai edrych yn rhy sych, yn rhy wlyb, neu'n grebachlyd, newid ei liw, neu dyfu llwydni.
- Os yw bacteria wedi halogi bwyd, efallai na fydd unrhyw newidiadau i'w gweld yng ngwead, blas, arogl na golwg y bwyd.
- Bydd bwydydd protein yn pydru ac yn mynd i ddrewi.
- Bydd braster ac olew yn troi'n sur ac yn mynd i ddrewi, a bydd blas drwg ar y bwydydd hyn.
- Bydd bwydydd carbohydrad yn troi'n llysnafeddog, yn ddrewllyd, ac yn blasu'n annymunol.
- Bydd llwydni yn tyfu ar ffrwythau a llysiau, a byddan nhw'n dechrau pydru.
- Gall bwyd ddirywio hefyd wrth ei drin yn wael, oherwydd traws-halogiad gan y person sy'n ei drin, neu drwy ei storio'n anghywir.

Cyngor

Wrth ateb cwestiwn am arwyddion o ddirywiad bwyd, meddyliwch am y tair micro-organeb sy'n halogi bwyd – burum, llwydni a bacteria – a chofiwch mai dim ond dwy ohonyn nhw fydd yn newid golwg, arogl a blas bwyd. Meddyliwch am ffrwythau sydd wedi pydru, caws neu fara sydd wedi llwydo neu bysgod a chig sy'n drewi, a disgrifiwch beth byddech chi'n ei weld neu'n ei arogli.

Profi eich hun

PROFI

1 Nodwch dri arwydd sy'n dangos bod bwyd wedi dirywio. [3 marc]
2 Esboniwch beth fydd gweithgaredd ensymau yn ei wneud i ffrwythau sy'n cael eu gadael ar dymheredd ystafell am wythnos. [4 marc]

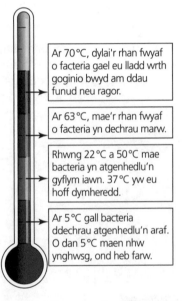

Ar 70°C, dylai'r rhan fwyaf o facteria gael eu lladd wrth goginio bwyd am ddau funud neu ragor.

Ar 63°C, mae'r rhan fwyaf o facteria yn dechrau marw.

Rhwng 22°C a 50°C mae bacteria yn atgenhedlu'n gyflym iawn. 37°C yw eu hoff dymheredd.

Ar 5°C gall bacteria ddechrau atgenhedlu'n araf. O dan 5°C maen nhw ynghwsg, ond heb farw.

Ffigur 7.2 Twf bacteria ar dymheredd gwahanol

Rôl tymheredd, amser, pH a lleithder wrth reoli bacteria

Tymheredd

ADOLYGU

- Mae bacteria yn tyfu orau ar dymheredd o 37°C.
- Maen nhw fwyaf actif yn y **parth peryglus**, sef tymheredd rhwng 5°C a 63°C.
- Bydd y tymheredd yn effeithio ar ba mor gyflym y bydd bacteria yn lluosogi.

Amser

ADOLYGU

- Mae bacteria yn lluosogi drwy ymrannu'n ddau.
- Gall hyn ddigwydd mor aml â phob 10–20 munud.
- Gall un gell bacteriwm droi'n filiynau ar ôl 24 awr.
- Os na fydd bwyd yn cael ei storio'n iawn, neu os yw'n cael ei adael mewn lle cynnes a llaith, gall bacteria sy'n achosi gwenwyn bwyd luosogi.

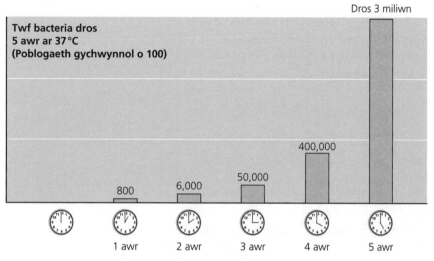

Twf bacteria dros 5 awr ar 37 °C (Poblogaeth gychwynnol o 100)

Dros 3 miliwn

400,000

50,000

6,000

800

1 awr 2 awr 3 awr 4 awr 5 awr

Ffigur 7.3 Twf bacteria ar dymheredd o 37 °C

pH

ADOLYGU

- Mae'r raddfa pH yn dangos pa mor asidig neu alcalïaidd yw sylwedd.
- Os yw o dan pH 7, mae'n asidig. Mae pH 7 yn niwtral. Os yw'n uwch na pH 7, mae'n alcalïaidd.
- Mae'n well gan facteria amodau niwtral, felly dydyn nhw ddim yn gallu tyfu mewn amodau asidig nac alcalïaidd.

Lleithder

ADOLYGU

- Mae ar facteria angen lleithder i dyfu.
- Mae bwydydd fel cawl, grefi a sawsiau, felly, yn **fwydydd risg uchel**, yn dibynnu ar y cynhwysion sy'n cael eu defnyddio i'w gwneud nhw.

Cyngor

I ennill marciau llawn mewn cwestiwn am reoli bacteria wrth gynhyrchu a storio bwyd, mae angen i chi allu esbonio'r amodau sydd eu hangen ar facteria i dyfu. Dylech chi ddweud bod bacteria yn tyfu orau ar dymheredd o 37 °C, sef tymheredd y corff dynol. Cofiwch na fydd bwydydd sydd wedi'u halogi gan facteria yn edrych, yn arogli nac yn blasu'n ddrwg, felly yr unig ffordd o atal halogiad yw drwy reoli bwydydd yn briodol.

Profi eich hun

PROFI

1 Esboniwch sut mae bacteria yn lluosogi. [4 marc]
2 Pam mae'n bwysig storio bwyd ar dymheredd is na 5 °C, neu ei gynhesu i dymheredd uwch na 63 °C? [2 farc]
3 Rhowch ddwy enghraifft o fwydydd risg uchel sy'n llawn lleithder. [2 farc]

Traws-halogiad bacteriol

Mathau o draws-halogiad bacteriol

- **Traws-halogiad** yw pan fydd bacteria yn cael ei drosglwyddo o un ffynhonnell, fel bwyd amrwd, i un arall, fel bwyd wedi'i goginio. Gallai arwain at wenwyn bwyd.
- Mae sawl ffordd o draws-halogi:
  - bacteria yn cael eu trosglwyddo o fwyd amrwd risg uchel i fwyd wedi'i goginio drwy ddefnyddio'r un bwrdd torri neu gyllell heb ei golchi
  - storio cig neu bysgod amrwd uwchben bwyd wedi'i goginio yn yr oergell, a diferion o'r bwyd amrwd yn disgyn ar ben y bwyd wedi'i goginio
  - rhoi bwyd amrwd sydd heb ei orchuddio'n iawn wrth ymyl bwyd wedi'i goginio yn yr oergell
  - bacteria yn cael eu trosglwyddo drwy beidio â golchi dwylo'n ddigon gofalus neu'n ddigon aml wrth baratoi bwyd, ar ôl tisian neu ar ôl bod yn y toiled
  - baw neu bridd yn cael ei drosglwyddo o lysiau i fwydydd eraill drwy beidio â golchi llysiau ac offer yn ddigon gofalus
  - parhau i baratoi bwyd pan fydd gennych chi stumog ddrwg; mae'n bosibl y bydd bacteria ar eich dwylo, a fydd yn cael ei drosglwyddo i'r bwyd.

Sut i atal traws-halogiad bacteriol

- Golchi byrddau torri ac offer gyda dŵr poeth a sebon, ar ôl paratoi cig amrwd.
- Defnyddio byrddau torri o liwiau gwahanol ar gyfer tasgau gwahanol, e.e. bwrdd torri coch i baratoi cig amrwd.
- Defnyddio offer glân ar gyfer pob cam o'r broses o baratoi bwyd.
- Golchi eich dwylo'n drylwyr ar ôl paratoi cig neu bysgod amrwd neu lysiau budr, ar ôl bod yn y toiled neu ar ôl chwythu eich trwyn.
- Storio cig a physgod amrwd mewn cynhwysydd â chaead ar y silff isaf yn yr oergell, ar wahân i fwydydd wedi'u coginio.
- Wrth goginio cig amrwd, rhowch yr holl gig yn y badell yr un pryd a pheidiwch ag ychwanegu mwy yn ystod y broses goginio. Defnyddiwch badell arall i goginio unrhyw gig amrwd ychwanegol.
- Defnyddiwch gadachau glân i sychu arwynebau ac offer.

> **Cyngor**
>
> Gallai cwestiwn am atal traws-halogiad gael ei gynnwys mewn cwestiwn manylach am baratoi bwyd. Bydd angen i chi allu esbonio sut mae traws-halogiad yn digwydd, a sut byddech chi'n ei atal. Un enghraifft fyddai defnyddio byrddau torri o liwiau gwahanol ar gyfer tasgau gwahanol, oherwydd gall cig amrwd draws-halogi bwydydd wedi'u coginio.

Profi eich hun

1 Rhowch enghraifft o draws-halogiad wrth baratoi bwyd, ac esboniwch beth byddech chi'n ei wneud i atal hynny rhag digwydd. [4 marc]
2 Pam mae'n bwysig i berson sy'n dioddef o stumog ddrwg beidio â pharatoi bwyd nes iddo wella'n llwyr? [3 marc]
3 Trafodwch sut byddech chi'n storio pysgod amrwd yn yr oergell, a rhestrwch ddau reswm pam mae mor bwysig dilyn y rheolau hyn. [4 marc]

Cyffeithio

Rydyn ni'n cyffeithio bwyd i'w atal rhag dirywio neu fynd yn hen, ac i ymestyn ei oes silff.

Rhewi

ADOLYGU

- Fydd tymheredd oer ddim yn lladd micro-organebau, ond bydd yn eu harafu neu'n eu gwneud yn anactif.
- Bydd y dŵr yn y bwyd yn rhewi, felly ni fydd gan y micro-organebau y lleithder angenrheidiol i dyfu.
- Wrth i'r bwyd ddadrewi, bydd yn mynd yn fwy llaith, a bydd y micro-organebau'n dechrau tyfu.
- Peidiwch byth ag ailrewi bwyd sydd wedi dadrewi neu ddadmer, oherwydd bydd yn cynnwys micro-organebau niweidiol.
- Dylech chi rewi bwyd pan fydd ar ei orau.
- Blansiwch ffrwythau a llysiau cyn eu rhewi er mwyn lladd bacteria niweidiol ar yr wyneb.
- Lapiwch y bwyd mewn bagiau rhewgell, gan gofio'u labelu a nodi'r dyddiad arnyn nhw cyn eu rhoi yn y rhewgell. Lapiwch fwydydd yn iawn i osgoi llosg rhewgell.

Ffigur 7.4 Dydy bwydydd sy'n cynnwys llawer o ddŵr ddim yn rhewi'n dda

Piclo

ADOLYGU

- Pan fydd bwyd yn cael ei biclo, bydd yn cael ei roi mewn finegr piclo gan newid y lefelau pH i lefel is na pH7, fel nad yw micro-organebau'n gallu tyfu.
- Gallwn ni biclo nionod/winwns a gercinau, pysgod fel penwaig a bwydydd protein fel wyau.
- Cyn ei biclo, mae bwyd yn aml yn cael ei roi i socian mewn sylwedd halen, i dynnu rhywfaint o'r dŵr ohono.
- Mae sbeisys piclo'n cael eu hychwanegu at y finegr i ychwanegu blas.
- Mae bwydydd yn aml yn cael eu coginio yn y finegr a'r sbeisys. Yna, byddan nhw'n cael eu rhoi mewn jariau gwydr sydd wedi'u diheintio a'u selio, a'u gadael i aeddfedu am nifer o wythnosau cyn y byddan nhw'n barod i'w bwyta. Weithiau, bydd siwgr yn cael ei ychwanegu i felysu'r bwyd.
- Mae piclo yn helpu i leihau gweithgaredd ensymau.

Gwneud jam

ADOLYGU

- I wneud jam, rhaid defnyddio siwgr a dŵr yn ogystal â ffrwythau. Mae'r cynnwys siwgr uchel yn golygu nad yw micro-organebau yn gallu tyfu.
- Mae'r cynhwysion yn cael eu berwi nes bydd y tymheredd yn cyrraedd 105 °C, pan fydd jam yn setio.
- Mae hyn hefyd yn dinistrio unrhyw furum a allai fod yn bresennol, a all ddifetha'r jam.
- Mae jam yn cael ei roi mewn jariau gwydr sydd wedi'u diheintio a'u selio, rhag i ficro-organebau heintio'r jam.
- Dylech chi storio jariau o jam heb eu hagor mewn cwpwrdd sych ac oer, allan o olau uniongyrchol yr haul.
- Ar ôl agor jar o jam, dylech chi ei storio yn yr oergell a'i fwyta ymhen mis.

Potelu a chanio

ADOLYGU

- Mae llysiau a ffrwythau'n cael eu rhoi mewn jariau neu ganiau wedi'u diheintio a'u selio, naill ai mewn sylwedd halen (heli) neu sylwedd siwgr.
- Yna, mae'r jariau neu'r caniau hyn yn cael eu berwi ar dymheredd uchel i ladd micro-organebau.
- Does dim aer yn y jariau, ac mae hyn hefyd yn helpu i gyffeithio'r bwyd.
- Mae'r jariau'n cael eu gadael i oeri, a byddan nhw'n para am rai misoedd, heb eu hagor.
- Ar ôl agor y jariau, rhaid eu cadw nhw yn yr oergell a'u defnyddio ymhen ychydig wythnosau.

Pecynnu dan wactod (*vacuum packing*)

ADOLYGU

- Mae bwydydd yn cael eu rhoi mewn pecynnau arbennig a bydd yr aer (ocsigen) yn cael ei sugno allan. Mae hynny'n atal y rhan fwyaf o ficro-organebau rhag tyfu.
- Yna, mae'r bwyd yn cael ei oeri.
- Mae'n bosibl prynu cig, pysgod, llysiau a phasta ffres fel cynnyrch wedi'i becynnu dan wactod.
- Ar ôl agor pecynnau dan wactod, rhaid trin y bwyd fel cynnyrch ffres.

Ffigur 7.5 Cig wedi'i becynnu dan wactod

Cyngor

Bydd rhai cwestiynau'n gofyn i chi awgrymu sut i gyffeithio bwyd. Cofiwch gynnwys gwybodaeth am yr amodau sydd eu hangen ar ficro-organebau i dyfu – lleithder, gwres, amser a bwyd, ynghyd ag ocsigen. Bydd cael gwared ar un o'r amodau hyn yn eu hatal rhag tyfu. Yna, rhestrwch y dulliau y gallech chi eu defnyddio i wneud hynny. Esboniwch pa amod y bydd pob dull yn cael gwared arno, ac esboniwch y broses.

Profi eich hun

PROFI

1 Esboniwch sut mae ffrwythau a llysiau yn cael eu potelu neu eu canio, a sut mae'r broses hon yn golygu bod llai o siawns i ficro-organebau ddirywio'r bwyd. [4 marc]
2 Rhestrwch dri ffrwyth y gallwch chi eu defnyddio i wneud jam, ac esboniwch y broses o wneud jam. Cofiwch ddweud sut dylech chi ei storio. [4 marc]
3 Pam mae'n bwysig lapio bwyd yn gywir cyn ei roi yn y rhewgell? [2 farc]
4 Esboniwch pam na allwch chi ailrewi bwyd sydd wedi dadrewi. [3 marc]

Gwenwyn bwyd

Gwenwyn bwyd yw pan fydd bacteria yn mynd i mewn i'r corff drwy gyfrwng bwyd neu ddŵr sydd wedi'i halogi, ac yn dechrau atgenhedlu. Mae hyn yn achosi salwch naill ai oherwydd y bacteria, neu oherwydd y tocsinau y byddan nhw'n eu cynhyrchu.

Mae'r rhesymau dros wenwyn bwyd yn cynnwys:

● hylendid gwael wrth baratoi a thrin bwyd
● dulliau glanhau anghywir
● rheoli tymheredd yn anghywir wrth storio bwyd (oeri) neu wrth weini bwyd poeth
● amseroedd coginio anghywir, neu beidio â gwresogi i'r tymheredd cywir, sef 70°C, am o leiaf ddau funud
● ailwresogi'r bwyd am gyfnod annigonol o amser, neu ei ailwresogi fwy nag unwaith.

Arwyddion o wenwyn bwyd

ADOLYGU

Salmonella

Tabl 7.3 Gwenwyn bwyd: Salmonella

Symptomau	Cyfog, chwydu, twymyn, dolur rhydd, cur pen a phoen yn yr abdomen. Gall pobl oedrannus a phlant ifanc iawn fynd yn eithriadol o wael, a gallan nhw farw o wenwyn Salmonella.
Bwydydd sy'n cynnwys y bacteria	Cyw iâr, dofednod, rhai cynnyrch llaeth ac wyau amrwd neu heb eu coginio ddigon.
Ffynonellau	Dŵr budr, bwydydd amrwd neu mae'n bosibl i bobl neu blâu ei drosglwyddo.
Sut i atal traws-halogiad	1 Golchi eich dwylo cyn ac ar ôl trin cig amrwd. 2 Peidio byth â golchi cyw iâr amrwd, rhag lledaenu bacteria. 3 Storio cig amrwd ar waelod yr oergell. 4 Coginio cig ac wyau drwyddo. 5 Golchi ffrwythau a llysiau'n drwyadl cyn eu defnyddio.

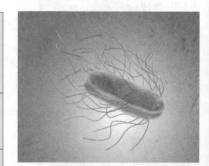

Ffigur 7.6 Bacteriwm Salmonella

Campylobacter

Tabl 7.4 Gwenwyn bwyd: Campylobacter

Symptomau	Crampiau stumog, twymyn, chwydu a dolur rhydd gwaedlyd.
Bwydydd sy'n cynnwys y bacteria	Cig amrwd neu heb ei goginio ddigon (yn enwedig dofednod), dŵr heb ei drin a llaeth heb ei basteureiddio.
Ffynonellau	Anifeiliaid, plâu, dŵr heb ei drin, carthion.
Sut i atal traws-halogiad	1 Golchi eich dwylo cyn ac ar ôl trin cig amrwd. 2 Peidio byth â golchi cyw iâr amrwd, rhag lledaenu bacteria. 3 Storio cig amrwd ar waelod yr oergell. 4 Coginio cig drwyddo. 5 Cadw anifeiliaid oddi wrth fwydydd. 6 Golchi ffrwythau a llysiau'n drwyadl cyn eu defnyddio.

E-coli

Tabl 7.5 Gwenwyn bwyd: E-coli

Symptomau	Crampiau difrifol yn yr abdomen, twymyn, llesgedd, dolur rhydd gwaedlyd neu ddyfrllyd, cyfog a chwydu.
Bwydydd sy'n cynnwys y bacteria	Cig amrwd, cig wedi'i goginio a grefi neu gynnyrch cig arall, sudd a chawsiau heb eu pasteureiddio, pysgod amrwd ac wystrys.
Ffynonellau	Cig amrwd sydd wedi'i halogi, gwastraff o goluddion anifeiliaid, dŵr budr a gwastraff dynol.
Sut i atal traws-halogiad	1 Golchi eich dwylo cyn ac ar ôl trin cig amrwd. 2 Peidio byth â golchi cyw iâr amrwd, rhag lledaenu bacteria. 3 Storio cig amrwd ar waelod yr oergell. 4 Coginio cig drwyddo. 5 Storio cig wedi'i goginio, cawsiau, pysgod amrwd ac wystrys yn gywir, a gwirio'r dyddiad 'gwerthu erbyn' a'r wybodaeth ar y pecyn. 6 Peidio byth ag ailwresogi grefi fwy nag unwaith.

Staphylococcus

Tabl 7.6 Gwenwyn bwyd: Staphylococcus

Symptomau	Dolur rhydd, chwydu, gall achosi i bobl lewygu.
Bwydydd sy'n cynnwys y bacteria	Cynnyrch wy, llaeth, hufen, cig wedi'i goginio a chynnyrch cig, cyw iâr, salad sy'n cynnwys cyw iâr, tiwna ac wy.
Ffynonellau	Ar drwynau pobl, ar y croen yn y geg, ar wallt pobl, mewn briwiau, llosgiadau, crafiadau a heintiau ar y croen, ac mewn llaeth amrwd, heb ei drin.
Sut i atal traws-halogiad	1 Golchi eich dwylo cyn ac ar ôl trin cig amrwd. 2 Gorchuddio neu glymu eich gwallt yn ôl, peidio â thisian dros fwyd a golchi eich dwylo ar ôl chwythu eich trwyn. 3 Rhoi plastr glas dros friwiau a chrafiadau. 4 Storio bwydydd wedi'u coginio yn gywir, gan eu gorchuddio a'u rhoi yn yr oergell.

> **Cyngor**
>
> Bydd angen i chi wybod am y mathau gwahanol o facteria sy'n achosi gwenwyn bwyd, lle a sut mae bwyd yn cael ei halogi, a sut i atal hynny rhag digwydd. Gwnewch yn siŵr eich bod chi'n disgrifio symptomau pob math o wenwyn bwyd, ac yn dweud pa fwydydd sy'n cynnwys y bacteria. Rhestrwch nhw yn eich ateb. Dysgwch y rheolau ar gyfer hylendid yn y gegin, oherwydd bydd y rheolau hyn yn atal mathau gwahanol o facteria rhag halogi bwyd.

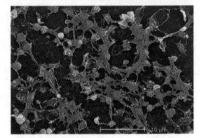

Ffigur 7.7 Bacteria Staphylococcus

> **Profi eich hun**   PROFI
>
> 1 Rhestrwch ddau o symptomau gwenwyn bwyd E-coli, a nodwch ffynonellau'r bacteria. [4 marc]
> 2 Rhowch dair ffordd o atal bacteria Staphylococcus rhag lledaenu a halogi bwyd, a lleihau'r achosion o hyn. [3 marc]
> 3 Esboniwch sut mae bacteria yn atgenhedlu, a rhowch dri o'r amodau sydd eu hangen ar facteria i dyfu. [4 marc]

Gwastraff bwyd

- Y prif fathau o fwyd rydyn ni'n eu taflu fel gwastraff yw:
  - bwydydd wedi'u paratoi, fel pasta a reis
  - llysiau, salad a ffrwythau ffres

Atebion i'r cwestiynau Profi eich hun: **www.hoddereducation.co.uk/fynodiadauadolygu**

- ○ bara a theisennau
- ○ prydau parod a bwyd tecawê, a'r rheini'n aml heb eu hagor.
- Rydyn ni'n taflu bwyd fel gwastraff am y rhesymau canlynol:
  - ○ mae'r dyddiad 'gwerthu erbyn' neu'r dyddiad 'defnyddio erbyn' wedi mynd heibio
  - ○ mae'r bwyd yn drewi neu'n edrych yn 'hen'
  - ○ mae'r bwyd wedi llwydo
  - ○ cafodd gormod o fwyd ei baratoi, neu ei adael ar y plât yn ystod y pryd bwyd.

Effaith ar yr amgylchedd

ADOLYGU

- Bydd gwastraff bwyd sy'n cael ei roi mewn biniau sbwriel yn denu plâu a bacteria.
- Os bydd yn cael ei gludo i safle tirlenwi, bydd yn pydru ac yn cynhyrchu nwy methan. Nwy tŷ gwydr yw hwn, ac mae'n cyfrannu at gynhesu byd-eang. Mae'n fwy niweidiol na charbon deuocsid.
- Mae nifer o awdurdodau lleol yn darparu biniau arbennig i ailgylchu gwastraff bwyd. Mae'r gwastraff bwyd yn cael ei gasglu a'i ddefnyddio i greu ynni mewn gorsafoedd biomas arbennig, neu'n cael ei ddefnyddio i wneud compost sy'n cael ei werthu.

Goblygiadau ariannol gwastraff

ADOLYGU

- Rydyn ni'n gwastraffu arian drwy wastraffu bwyd.
- Amcangyfrifir bod gwastraff bwyd yn costio hyd at £470 y flwyddyn i bob teulu yn y DU, a hyd at £700 y flwyddyn i deuluoedd sydd â phlant.
- Gallai cynghorau lleol fod yn gwario'r arian y maen nhw'n ei wario ar gael gwared ar wastraff bwyd ar bethau eraill pwysig.

Ffordd o wastraffu llai o fwyd

ADOLYGU

- Cynllunio prydau bwyd ar gyfer yr wythnos, a gwneud rhestr o'r bwydydd y bydd eu hangen arnoch chi. Prynu dim ond y bwydydd hynny pan fyddwch chi'n siopa.
- Osgoi cynigion 'dau am bris un' a chynigion tebyg oni bai bod gennych chi le i storio'r eitem ychwanegol, er mwyn ei defnyddio rywbryd eto.
- Defnyddio bwydydd sydd yn y rhewgell neu yn y cwpwrdd yn barod, yn lle prynu bwydydd newydd.
- Coginio digon o fwyd ar gyfer pob pryd, a dim mwy, gan reoli maint cyfran yn ofalus.
- Rhewi bwydydd fesul cyfran, i'w defnyddio rywbryd eto.
- Defnyddio bwyd dros ben i greu pryd arall, er enghraifft, gallwch chi ddefnyddio saws pasta cig i wneud pastai'r bwthyn, a gallwch chi ddefnyddio cyw iâr neu lysiau dros ben i wneud cawl.
- Defnyddio ffrwythau dros ben i wneud jam neu jeli, neu eu coginio i wneud tarten neu grymbl, a'i rewi.
- Rhewi cig a physgod ffres y mae eu dyddiad 'defnyddio erbyn' yn agosáu, er mwyn eu defnyddio rywbryd eto.

Cyngor

Gallai cwestiwn am wastraff bwyd fod yn gwestiwn traethawd am ffyrdd o leihau gwastraff. Dechreuwch drwy wneud diagram corryn i'ch helpu chi i gofio'r holl bwyntiau y bydd angen i chi eu trafod. Ysgrifennwch am bob pwynt ar wahân, gan gynnwys esboniad. Cofiwch roi manylion yr effaith ar yr amgylchedd, a goblygiadau ariannol gwastraff bwyd.

Profi eich hun

PROFI

1 Rhowch dri rheswm pam mae pobl yn gwastraffu bwyd. [3 marc]
2 Trafodwch pam mae lleihau gwastraff yn bwysig i'r amgylchedd. [4 marc]
3 Rhestrwch bedair ffordd o wastraffu llai o fwyd yn y cartref. [4 marc]

Tarddiad bwydydd

Tyfu bwyd

ADOLYGU

Dyma'r prif gnydau sy'n cael eu tyfu yn y DU:
- grawnfwydydd fel gwenith a barlys
- llysiau fel tatws a moron
- ffrwythau fel mefus, mafon, afalau, eirin a gellyg
- betys siwgr
- rêp i gynhyrchu olew coginio.

Allwn ni ddim tyfu'r holl fwyd sydd ei angen arnom ni yn y DU, felly mae rhywfaint yn cael ei fewnforio o wledydd eraill.

Sut mae cnydau'n cael eu tyfu

ADOLYGU

- **Ffermio âr** yw'r enw ar ffermio cnydau.
- Y tywydd a chyflwr y pridd sy'n pennu pa gnydau sy'n cael eu tyfu.
- Dyma'r broses o dyfu cnydau:
  1 paratoi'r pridd
  2 hau neu blannu hadau neu eginblanhigion
  3 dyfrio
  4 rheoli plâu, gwrteithio'r cnwd a rheoli chwyn
  5 cynaeafu'r cnwd.
- Yn Lloegr, mae cnydau grawn yn tyfu orau yn ardaloedd y de a'r dwyrain, lle mae'r tir yn wastad ac yn agored.
- Yng Nghymru, rydyn ni'n dueddol o ganolbwyntio ar ffermio defaid a ffermio llaeth gan fod y tir yn fwy mynyddig ac felly'n llai addas i dyfu cnydau.
- Mae'r cnydau âr sy'n cael eu tyfu yng Nghymru yn cynnwys gwenith, barlys, rêp ac india-corn fel porthiant. Mae tatws newydd o benrhyn Gŵyr a Sir Benfro ar gael yn gynnar yn y tymor.
- Mae ffermwyr Cymru yn cynhyrchu bwydydd mwy arbenigol hefyd – cig oen morfa heli, cig eidion gwartheg duon Cymreig a chig carw.

Ffigur 8.1 Cynhyrchu cnydau

Tyfu llysiau

- Mae llawer o ffermydd yn canolbwyntio ar un llysieuyn, er enghraifft tatws neu foron, ac yn tyfu sawl amrywiaeth wahanol ar gyfer archfarchnadoedd a siopau.

Tyfu ffrwythau meddal

- Mae ffrwythau meddal tymhorol, fel mefus, yn cael eu tyfu mewn polydwnnel fel arfer, i'w gwarchod rhag y tywydd ac i reoli plâu a lleihau'r angen am blaleiddiaid.

Ffigur 8.2 Polydwnnel

Tyfu ffrwythau caled

- Mae ffrwythau caled a ffrwythau carreg, fel afalau ac eirin, yn cael eu cynhyrchu ar ffermydd mawr a bach yn y DU.
- Mae ffrwythau'n tyfu'n dda yn ardaloedd Caint, Swydd Gaerwrangon a Swydd Henffordd oherwydd bod cyflwr y pridd a'r tywydd yn dda yno.

Mathau o ffermio

ADOLYGU

- **Ffermio dwys:** defnyddio plaleiddiaid a gwrtaith i dyfu cnydau cynnyrch helaeth (*high-yield crops*).
- **Ffermio organig:** cynhyrchu bwyd mor naturiol â phosibl, a chadw at safonau llym:
  - Peidio â defnyddio plaleiddiaid na gwrtaith cemegol artiffisial.
  - Defnyddio defnydd organig fel gwrtaith, ac annog bywyd gwyllt i reoli plâu.
  - Mae cylchdroi cnydau, lle mae cnydau gwahanol yn cael eu tyfu yn y caeau bob blwyddyn, a lle mae anifeiliaid yn cael pori yn y caeau hynny rhwng pob cnwd, yn cael ei annog.
  - Mae'r caeau'n aml yn cael eu gadael heb gnwd am flwyddyn er mwyn rhoi cyfle i'r pridd adfer yn naturiol. Caeau braenar (*fallow fields*) yw'r enw ar y caeau hyn.

Sut mae bwydydd yn cael eu magu

ADOLYGU

- Mae'r anifeiliaid sy'n cael eu magu i'w bwyta yn cynnwys:
  - moch, gwartheg a defaid
  - dofednod, gan gynnwys cywion ieir, tyrcwn, gwyddau a hwyaid.

Ffermydd ffatri

- Mae **ffermydd ffatri** yn magu cynifer o anifeiliaid â phosibl.
- Mae'r anifeiliaid yn cael eu magu o dan amodau sylfaenol neu wael.
- Efallai na fydd ganddyn nhw fawr o le i symud.
- Bydd ffermwyr yn bwydo hormonau i'r anifeiliaid i wneud iddyn nhw besgi'n gyflym, ac yn defnyddio cyffuriau i leihau afiechydon.
- Mae gwartheg llaeth yn byw mewn siediau mawr, heb gael mynd allan i'r awyr agored.
- Mae cywion ieir a thyrcwn yn cael eu magu mewn siediau anferth, heb gael mynd allan i'r awyr agored.
- Gallai ieir dodwy gael eu cadw mewn cewyll.
- Bydd y bwydydd hyn yn rhatach.

Ffigur 8.3 Magu cywion ieir mewn fferm ffatri

Ffermydd organig

- Lles yr anifail sy'n cael blaenoriaeth.
- Rhaid sicrhau bod anifeiliaid yn:
  - gallu mynd allan i'r caeau a chrwydro'n rhydd
  - byw o dan amodau sy'n bodloni safonau lles uchel
  - cael deiet sydd mor naturiol â phosibl, heb unrhyw hormonau ychwanegol i wneud iddyn nhw besgi'n gyflym
  - cael cyffuriau i drin salwch yn unig.
- Bydd bwyd organig yn ddrutach, gan fod yr anifeiliaid yn cymryd mwy o amser i ddatblygu'n naturiol ac yn cael eu magu mewn lle agored, felly ni fydd cynifer ohonyn nhw'n cael eu cynhyrchu.
- O'r dros 2 miliwn hectar o dir sy'n cael ei ffermio yng Nghymru, mae 35,000 hectar yn cael ei ffermio yn organig ar hyn o bryd. Dechreuwyd y fferm organig gyntaf yng Nghymru yn Nol-y-Bont ger Aberystwyth yn 1952 gan Dinah Williams, ac mae'n adnabyddus erbyn heddiw fel busnes Rachel's.

Sut mae bwydydd yn cael eu dal

ADOLYGU

- Mae dulliau pysgota yn amrywio yn y DU yn ôl:
  - y math o bysgod sy'n cael eu dal
  - yr ardal lle mae'r pysgota'n digwydd
  - a yw'r pysgota'n digwydd ar raddfa fach neu ar raddfa fawr
  - y dechnoleg y mae'r pysgotwr yn ei defnyddio.
- Mae'r dulliau o bysgota yn cynnwys:
  - **Treillio**: defnyddio rhwyd sy'n cael ei llusgo y tu ôl i dreillong; mae'r dulliau gwahanol yn cynnwys pysgota'r wyneb (*pelagic trawling*), treillio ag estyllod rhwydi (*otter trawling*), treillio â thrawst (*beam trawling*) a threillio mewn parau (*pair trawling*).
  - **Treillio rhwydi llusg** (*purse seining*): tynnu rhwyd enfawr o amgylch haig o bysgod, fel tiwna a phennog.
  - **Tynnu rhwydi** (*dredging*): llusgo cewyll metel ar draws gwely'r môr.
  - **Pysgota â lein**: dyma'r dull mwyaf ecogyfeillgar o bysgota, gan nad yw pysgod eraill yn cael eu niweidio na'u lladd.

Ffigur 8.4 Treillio ag estyllod rhwydi (un dull o dreillio)

Pysgod wedi'u ffermio

- Mae pysgod yn cael eu magu ar ffermydd, mewn cewyll anferth mewn afonydd, llynnoedd neu foroedd. Mae'r pysgod hyn yn cynnwys eog, brithyll, penfras a draenog y môr.
- Maen nhw'n cael eu bwydo ar bysgod gwyllt, ac mae cyffuriau a hormonau'n cael eu defnyddio er mwyn iddyn nhw dyfu'n gynt ac i leihau afiechydon.
- Er mwyn cadw costau cynhyrchu'n isel, gall y cewyll fod yn orlawn.
- Mae ffermydd pysgod organig yn cadw at yr un safonau â ffermydd tir organig.

Cewyll cimychiaid a chrancod

- Bydd cewyll yn cael eu gwneud o blastig, pren, rhaff neu fetel. Bydd pysgod marw yn cael eu rhoi ynddyn nhw, cyn eu gosod ar wely'r môr.
- Bydd cimychiaid a chrancod yn mynd i mewn i'r cewyll a fyddan nhw ddim yn gallu dianc.
- Yna, bydd y cewyll yn cael eu llusgo ar y cwch a bydd y crancod a'r cimychiaid yn cael eu tynnu allan.

Cyngor

Mae'n bosibl y bydd gofyn i chi roi rhesymau pam byddai rhywun yn dewis prynu cig organig yn hytrach na chig o fferm ffatri. Byddai hyn ar ffurf cwestiwn traethawd neu drafodaeth. Cofiwch roi esboniad llawn o'r gwahaniaethau rhwng y ffordd y mae'r anifeiliaid yn cael eu magu, a rhoi rhesymau manwl pam byddai rhywun yn dewis cig organig, gan sôn am yr amodau lles gwell, y ffaith nad yw hormonau na chyffuriau yn cael eu hychwanegu, a'r blas gwell sydd ar y cynnyrch terfynol. Gallwch chi hefyd gynnwys manylion am gost y cig, gan ddweud bod cig organig yn ddrutach, efallai, ond mai dewis moesegol yw hyn i'r unigolyn.

Profi eich hun   PROFI

1 Enwch bedwar o gnydau ffrwythau gwahanol sy'n cael eu tyfu yn y DU. [4 marc]
2 Nodwch ddau amod y mae'n rhaid i ffermydd organig eu bodloni. [2 farc]
3 Esboniwch sut mae pysgod fferm yn cael eu magu, gan roi esiamplau o bysgod sy'n cael eu magu fel hyn. [4 marc]
4 Rhowch dri rheswm dros ddewis wyau maes organig yn lle wyau ieir cewyll. [3 marc]
5 Esboniwch pam mae'n bwysig bod cynhyrchwyr llai yn gwneud cynnyrch Cymreig sy'n gallu cael ei werthu ledled y DU a dramor. [4 marc]

Milltiroedd bwyd

- **Milltiroedd bwyd** yw'r pellter y mae bwyd yn ei deithio rhwng y cae a'r plât.
- Mae hefyd yn cynnwys y pellter y mae'r cwsmer yn ei deithio i brynu'r bwyd.
- Mae cwsmeriaid yn disgwyl i fwydydd fod ar gael drwy gydol y flwyddyn, felly mae bwydydd yn cael eu cludo o bob rhan o'r DU ac o wledydd eraill.
- Mae angen cludo bwyd o'r man lle mae'n cael ei dyfu i'r man lle mae'n cael ei brosesu, ac yna i'r siopau a'r archfarchnadoedd lle mae'n cael ei werthu.
- Mae bwyd yn cael ei gludo ar y môr, yn yr awyr ac ar y ffordd.

Ôl troed carbon

ADOLYGU

- **Ôl troed carbon** yw cyfanswm yr allyriadau carbon sy'n cael eu cynhyrchu wrth dyfu neu fagu'r cynnyrch, ei brosesu a'i gludo.
- Rhaid defnyddio tanwydd i gludo bwyd yn yr awyr ac ar y ffordd. Mae llosgi tanwydd ffosil fel hyn yn cynhyrchu nwyon sy'n llygru, fel carbon deuocsid.
- Mae'r nwyon hyn yn cyfrannu at gynhesu byd-eang, sef y term sy'n cael ei ddefnyddio i ddisgrifio'r ffordd y mae atmosffer y Ddaear, yn ogystal â'r moroedd a'r tir, yn cynhesu'n raddol.
- Drwy leihau allyriadau yn sgil cludiant, gallwn ni helpu i frwydro yn erbyn **cynhesu byd-eang**; byddai prynu bwyd yn lleol yn helpu i leihau'r angen i'w gludo'n bell.

Ffigur 8.5 Cludo bwyd

Prynu bwyd yn lleol

ADOLYGU

Drwy brynu bwyd o siopau lleol neu gan ffermwyr a chynhyrchwyr lleol, mae'n golygu eich bod chi'n:

- cefnogi'r economi leol ac yn cadw arian yn yr ardal i'w wario ar wasanaethau lleol eraill
- creu swyddi lleol
- prynu cynnyrch sy'n aml yn llai drud
- prynu bwyd sy'n fwy ffres ac a ddylai gynnwys mwy o faetholion, oherwydd bydd llai o amser i golli fitaminau gwerthfawr rhwng cynaeafu a gwerthu'r cynnyrch
- prynu bwyd tymhorol, sydd o ansawdd gwell na bwyd sydd wedi'i gludo dros filoedd o filltiroedd
- prynu bwyd sy'n aml yn fwy diogel, gan fod y gadwyn fwyd yn llai, felly mae traws-halogiad yn llai tebygol.

Cyngor

Os cewch chi gwestiwn am fanteision prynu cynnyrch lleol, bydd angen i chi drafod sut gall hyn helpu i ddatrys problemau lleol a byd-eang. Fel cynllun, gwnewch restr o'r holl fanteision, yna datblygwch bob pwynt, fel bod yr ateb ar ffurf traethawd yn hytrach na rhestr syml. Bydd hyn yn eich helpu chi i ennill marciau uchel.

Profi eich hun

PROFI

1 Rhowch dri rheswm pam mae bwyd yn cael ei gludo o amgylch y DU. [3 marc]
2 Esboniwch beth yw ystyr y term 'ôl troed carbon'. [4 marc]
3 Pam mae'n bwysig prynu cynnyrch lleol? [6 marc]

Defnydd pecynnu

- Mae'r rhan fwyaf o'r bwyd rydyn ni'n ei brynu mewn siopau'n cael ei becynnu mewn plastig.
- Fel arfer, mae bwyd rhydd fel bara neu ffrwythau a llysiau'n cael eu rhoi mewn bag papur neu blastig pan fyddan nhw'n cael eu prynu.
- Rydyn ni'n pecynnu bwyd er mwyn:
  - cadw'r bwyd yn ddiogel ac yn hylan
  - diogelu'r bwyd rhag iddo gael ei ddifrodi neu ei halogi, ac atal pobl rhag ymyrryd â'r bwyd
  - ymestyn oes silff y cynnyrch
  - hysbysebu'r cynnyrch
  - rhoi gwybodaeth, e.e. y cynhwysion, cyfarwyddiadau coginio a storio a dyddiadau 'gwerthu erbyn' a 'defnyddio erbyn'
  - ei gwneud yn haws cludo a storio'r bwyd.

Mae Pennod 10 yn cynnwys manylion am ofynion cyfreithiol labelu bwyd.

Cyngor

Efallai y bydd gofyn i chi restru manteision ac anfanteision rhai mathau o ddefnyddiau pecynnu. Gwnewch yn siŵr eich bod chi'n gallu rhoi gwybodaeth am bob pwynt a wnewch chi, yn hytrach nag ysgrifennu rhestr syml. Edrychwch ar y marciau sydd ar gael – os yw'r cwestiwn yn gofyn i chi **restru** dwy fantais a dwy anfantais, gallech chi ennill y marciau gydag ateb syml. Os yw'r cwestiwn yn gofyn i chi **drafod** y manteision a'r anfanteision, bydd angen i chi roi mwy o wybodaeth.

Pam mae pecynnu yn bwysig i'r cynhyrchwr

ADOLYGU

- Rhaid i'r cynhyrchwr roi gwybodaeth ar y pecyn er mwyn cydymffurfio â gofynion cyfreithiol.
- Gall defnydd pecynnu lliwgar ddenu cwsmeriaid.
- Mae pecynnu'n ei gwneud yn haws i'r cynhyrchwr storio a chludo'r bwyd.

Mathau o ddefnyddiau pecynnu

Tabl 8.1 Mathau o ddefnyddiau pecynnu

Math o ddefnydd pecynnu	Ar gyfer...	Manteision	Anfanteision
Gwydr	Jam, jeli, saws, bwydydd wedi'u piclo, coffi parod	• Tryloyw, felly mae'n bosibl gweld y bwyd • Gellir ei ailgylchu • Cymharol rhad ei gynhyrchu • Hawdd ei ddiheintio • Dal dŵr • Gellir ei selio, felly mae gan y bwyd oes silff hir	• Trwm iawn ei gludo • Torri'n hawdd
Cerdyn neu bapur	Grawnfwydydd brecwast, siwgr, blawd, bagiau te	• Rhad ei gynhyrchu • Gellir ei ailgylchu • Ysgafn ei gludo • Hawdd gwneud blychau o faint gwahanol	• Gall gyfrannu at gynhesu byd-eang wrth i goed gael eu dymchwel i'w gynhyrchu • Ddim yn dal dŵr oni bai ei fod yn cael ei drin â haen dal dŵr • Hawdd ei ddifrodi
Plastig	Iogwrt, llaeth, ffrwythau a llysiau	• Ysgafn ac yn hyblyg • Rhad ei gynhyrchu • Gellir ei gynhyrchu mewn siapiau a meintiau gwahanol • Gall fod yn dryloyw neu'n ddi-draidd • Gellir ei selio â gwres i ymestyn oes silff • Gellir ailgylchu llawer o blastigion • Ysgafn ei gludo • Dal dŵr • Nid yw'n cyrydu	• Mae'n defnyddio olew sy'n cyfrannu at gynhesu byd-eang • Nid yw'n bosibl ailgylchu rhai plastigion a gall gymryd cannoedd o flynyddoedd iddo dorri i lawr. Mae'n creu llygredd drwy lenwi safleoedd tirlenwi
Metel, ffoil neu dun	Llysiau a ffrwythau tun, diodydd byrlymog	• Rhad ei gynhyrchu • Gall tuniau wedi'u selio ymestyn oes silff am flynyddoedd • Gellir ei ailgylchu • Gellir rhoi cynwysyddion ffoil yn syth yn y ffwrn • Dal dŵr	• Mae'n defnyddio ffynonellau mwynau gwerthfawr • Gall fod yn drwm ei gludo
Cardbord y gellir ei roi yn y ffwrn	Prydau parod wedi'u hoeri/rhewi	• Rhad ei gynhyrchu • Gellir ei roi yn syth yn y ffwrn • Gall labeli bwyd gael eu rhoi yn syth ar y pecyn • Gellir ei ailgylchu weithiau • Ysgafn ei gludo • Gellir ei fowldio'n siapiau a meintiau gwahanol	• Hawdd ei ddifrodi • Nid yw bob amser yn bosibl ei ailgylchu, gan ei fod yn cynnwys haenau o ddefnyddiau gwahanol

Cynaliadwyedd a gwastraff bwyd

Cynaliadwyedd bwyd

ADOLYGU

Ystyr **cynaliadwyedd** yw cynhyrchu bwyd mewn ffordd sydd ddim yn niweidio'r amgylchedd, nac yn defnyddio ein holl adnoddau naturiol, ac mewn ffordd a fydd yn parhau i ddarparu bwyd ar gyfer cenedlaethau'r dyfodol. I wneud hyn, bydd angen i ni:

● osgoi gwastraffu bwyd
● lleihau'r effaith ar yr amgylchedd lleol
● meddwl am brynu bwydydd lleol a thymhorol
● ystyried y dulliau ffermio a thyfu sy'n cael eu defnyddio i gynhyrchu bwyd, gan gynnwys defnyddio gwrtaith a chemegion.

Effaith gwastraff bwyd ar yr amgylchedd

● Bob blwyddyn, rydyn ni'n gwastraffu gwerth biliynau o fwyd yn y DU.
● Bydd llawer ohono'n cael ei gludo i safleoedd **tirlenwi**, lle bydd yn pydru ac yn cynhyrchu methan, sy'n nwy tŷ gwydr pwerus.

Marchnadoedd a chymunedau lleol a byd-eang

ADOLYGU

Marchnadoedd lleol

● Mae **marchnadoedd ffermwyr** yn dod yn fwyfwy poblogaidd wrth i bobl ddod yn fwyfwy ymwybodol o fanteision prynu'n lleol.

Marchnadoedd byd eang

● Mae'r amrywiaeth o fwydydd sydd ar gael drwy gydol y flwyddyn yn yr archfarchnad yn hollol wahanol i'r hyn a oedd ar gael 50 mlynedd yn ôl.
● Mae bwyd yn cael ei gludo o bob rhan o'r byd i fodloni'r galw gan gwsmeriaid.
● Tyfu mae poblogaeth y byd, a does gan filiynau o bobl ddim digon i'w fwyta.
● Mae incwm cyfartalog pobl y byd gorllewinol yn uchel, a gallan nhw fforddio gwario mwy ar fwyd, felly mae'r gystadleuaeth am fwyd yn cynyddu.
● Mae cadwyni cyflenwi bwyd wedi mynd yn hirach. Nid yw'n anghyffredin i fwyd wedi'i becynnu gael ei gludo drwy nifer o wledydd gwahanol cyn cyrraedd y silff yn yr archfarchnad.
● Mae pobl yn cael eu hannog i brynu'n lleol i wella cynaliadwyedd bwyd.

Ffermio cymunedol

- **Ffermio cymunedol** yw pan fydd pobl yn ymuno â'i gilydd i dyfu a chynhyrchu bwyd ffres ac organig ar gyfer y gymuned.
- Yn aml, bydd tir yn cael ei rentu oddi wrth ffermwr lleol.
- Bydd cymunedau'n buddsoddi yn y fferm ac yn gweithio arni gyda'i gilydd, yn defnyddio'r cynnyrch ac yn aml yn gwerthu unrhyw gynnyrch dros ben, gan ailfuddsoddi'r elw yn y project.
- Drwy ffermio fel hyn, bydd pobl yn ailgysylltu â'r tir, yn ymwneud â'i gilydd yn gymdeithasol ac yn creu cyfeillgarwch, a bydd iechyd y gymuned leol yn gwella hefyd.

Tlodi bwyd

- **Tlodi bwyd** yw pan na fydd unigolyn neu deulu yn gallu cael gafael ar ddigon o fwyd maethlon, iach.
- Mae teuluoedd mewn tlodi bwyd yn aml yn dibynnu ar fwydydd rhad sy'n cynnwys llawer o fraster a siwgr, a sydd ddim yn cynnwys y maeth angenrheidiol sy'n rhan o ddeiet iach.
- Weithiau, rhaid i bobl fynd heb bryd o fwyd am nad ydyn nhw'n gallu fforddio bwyta.
- Mae miliynau o bobl yn y DU mewn tlodi bwyd.
- Dau gorff sy'n ceisio lleihau gwastraff bwyd yw Oxfam a Fare Share. Mae'n nhw'n ceisio defnyddio'r bwyd y mae archfarchnadoedd yn cael gwared arno i helpu i fwydo pobl.
- Mae tlodi bwyd yn digwydd am nifer o resymau:
  - ○ incwm isel, sy'n golygu nad yw pobl yn gallu fforddio bwyta na thalu biliau'r cartref, fel biliau tanwydd
  - ○ prisiau bwyd sy'n codi'n gynt nag incwm
  - ○ newidiadau mewn budd-daliadau, sy'n golygu bod llai o arian ar gael i'w wario ar fwyd, o bosibl
  - ○ dyledion y mae'n rhaid i bobl eu had-dalu
  - ○ diweithdra, sy'n golygu nad yw pobl yn gallu fforddio prynu bwyd.
- Mewn nifer o drefi a dinasoedd, mae banciau bwyd wedi'u sefydlu i ddarparu bwyd sylfaenol i bobl mewn tlodi bwyd.
- Mae tlodi bwyd yn broblem gynyddol i deuluoedd incwm isel yng Nghymru. Mae nifer y banciau bwyd wedi cynyddu drwy Gymru gyfan, yn ogystal â nifer y teuluoedd sy'n gorfod eu defnyddio.
- Y prif resymau y mae pobl yng Nghymru yn cael eu cyfeirio at fanciau bwyd yw oedi cyn talu budd-daliadau, incwm isel a newidiadau mewn budd-daliadau.

Cyngor

Gallai cwestiwn am gynaliadwyedd bwyd ofyn am draethawd sy'n trafod pwysigrwydd cynaliadwyedd bwyd ar hyn o bryd. Bydd angen i chi sôn am bryderon ynglŷn â chynhesu byd-eang, cludo bwyd a thlodi bwyd cynyddol yn y DU, a nodi sut mae hyn yn effeithio ar iechyd pobl. Rhowch wybodaeth am dwf poblogaeth y byd, a'r anawsterau sy'n ymwneud â bwydo poblogaeth y byd yn y dyfodol.

Profi eich hun

PROFI

1 Esboniwch sut gall projectau ffermio cymunedol fod o fudd i bobl leol. [4 marc]
2 Rhowch dri rheswm pam gallai teulu sy'n gweithio fod yn wynebu tlodi bwyd. [3 marc]
3 Pam mae'n bwysig annog archfarchnadoedd i roi bwyd sy'n wastraff i gyrff fel Fare Share? [4 marc]
4 Rhowch dri rheswm sy'n esbonio'r cynnydd enfawr a welwyd dros y tair blynedd diwethaf yn nifer y bobl yng Nghymru sy'n defnyddio banciau bwyd. [3 marc]

Diogeledd bwyd

Yn ôl diffiniad Sefydliad Iechyd y Byd (*WHO: World Health Organisation*), **diogeledd bwyd** yw 'pan mae pawb yn gallu cael digon o fwyd diogel a maethlon bob amser, i gael bywyd iach a gweithgar.' Mae hyn yn cynnwys 'mynediad ffisegol ac economaidd at fwyd sy'n bodloni anghenion deietegol pobl, yn ogystal â'u hoff ddewisiadau bwyd'.

Argaeledd bwyd `ADOLYGU ☐`

- Dylai bod digon o fwyd ar gael drwy gydol y flwyddyn.
- Dylai bwyd ddod o ffynhonnell ddibynadwy.
- Dylai'r wlad allu darparu digon o fwyd drwy fewnforio ac allforio cynnyrch.

Mynediad at fwyd `ADOLYGU ☐`

- Rhaid i fwyd fod ar gael am bris fforddiadwy.
- Rhaid cael digon o dir i dyfu bwyd.
- Rhaid cael cludiant addas i ddosbarthu'r bwyd.

Defnyddio bwyd `ADOLYGU ☐`

- Mae angen gwneud yn siŵr bod digon o wybodaeth ar gael am ddeiet iach, sgiliau coginio a chlefydau sy'n gysylltiedig â deiet.

Ffactorau allweddol sy'n gallu effeithio ar ddiogeledd bwyd `ADOLYGU ☐`

- Clefydau.
- Diogelwch ffynonellau bwyd.
- Lefelau incwm is.
- Cynnydd mewn prisiau bwyd.
- Twf ym mhoblogaeth gwlad.
- Cost cynhyrchu bwyd i gyflenwyr, a'r angen i gynhyrchu bwyd fforddiadwy.
- Y newid yn yr hinsawdd a phatrymau tywydd, fel sychder a monsŵn.
- Faint o fwyd sy'n cael ei dyfu neu ei fagu.
- Materion amgylcheddol fel gwastraff bwyd.
- Gwybodaeth pobl am ddeiet iach a pharatoi bwyd.

> **Cyngor**
>
> Gallai cwestiwn arholiad ganolbwyntio ar y ffaith bod diogeledd bwyd yn datblygu'n broblem fyd-eang. Mae'n bwysig cynnwys manylion y ffactorau sy'n effeithio ar ddiogeledd bwyd ac, efallai, rhoi eich barn eich hun am sut byddai'n bosibl mynd i'r afael â'r broblem yn y dyfodol. Trafodwch bob ffactor yn ei dro, ac awgrymu sut byddai'n bosibl datrys y broblem.

> **Profi eich hun** `PROFI ☐`
>
> 1 Diffiniwch ystyr 'diogeledd bwyd'. [2 farc]
> 2 Rhestrwch ddau bwynt y mae diogeledd bwyd yn seiliedig arnyn nhw, ac esboniwch bob pwynt. [4 marc]

Atebion i'r cwestiynau Profi eich hun: **www.hoddereducation.co.uk/fynodiadauadolygu**

9 Cynhyrchu bwyd

Traddodiadau coginio

Dull coginio Prydeinig

ADOLYGU

- Mae prydau bwyd Prydeinig traddodiadol fel arfer yn brydau sylweddol, sy'n eich llenwi chi, a gallan nhw gynnwys tatws, er enghraifft: pysgod a sglodion, cig eidion rhost a phwdin Swydd Efrog.
- Mae'r dull coginio Prydeinig modern wedi ailddyfeisio rhai o'r seigiau traddodiadol drwy eu coginio nhw mewn ffordd wahanol, e.e. ychwanegu perlysiau a sbeisys neu lysiau anghyffredin, neu gyflwyno'r saig mewn ffordd wahanol.
- Mae sawl cogydd enwog ym Mhrydain yn dylanwadu ar y ffordd y mae bwyd yn cael ei goginio a'i weini.

Ffigur 9.1 Cinio rhost traddodiadol

Strwythurau prydau bwyd ym Mhrydain

- Yn draddodiadol, bydd pobl Prydain yn bwyta tri phryd y dydd: brecwast, cinio a swper.
- Brecwast wedi'i ffrio yw'r brecwast Prydeinig traddodiadol, ond mae pobl yn llawer mwy tebygol o fwyta grawnfwyd neu dost i frecwast erbyn hyn.
- Yn aml iawn, brechdan neu *wrap* fydd i ginio.
- Yn draddodiadol, roedd pryd gyda'r nos yn cynnwys 'cig a dau lysieuyn', ond erbyn hyn, gall fod yn unrhyw beth, o basta i bryd tecawê Indiaidd neu Tsieineaidd.

Dulliau coginio rhyngwladol

ADOLYGU

- Mae sawl math gwahanol o fwyd rhyngwladol ar gael yn archfarchnadoedd a bwytai y DU.
- Mae'r rhai mwyaf poblogaidd yn y tabl ar y dudalen nesaf.

Tabl 9.1 Dulliau coginio rhyngwladol

Dull coginio	Enghraifft o fwydydd	Enghraifft o seigiau	Dulliau ac offer coginio
Indiaidd	Amrywiaeth eang o berlysiau a sbeisys, corbys, dhal, cig wedi'i farinadu, llysiau wedi'u ffrio'n fas	Korma, jalfrezi, biryani, samosas, bara naan, chapattis	Karai, tava, tandoori
Tsieineaidd	Reis, nwdls, egin ffa, saws soi, porc, wyau, gwreiddyn sinsir	Chow mein, melys a sur, crempogau llysiau, hwyaden Pecin	Tro ffrio
Mecsicanaidd	Sbeisys, perlysiau, tortillas, cig eidion, porc	Tacos, enchiladas, fajitas, chilli con carne	Tro ffrio, ffrio dwfn, pobi
Eidalaidd	Olew olewydd, tomatos, perlysiau (e.e. basil), cawsiau (mozzarella, ricotta), salami, pepperoni	Pizza, pasta, risotto, panna cotta, biscotti	Ffrio mewn padell, pobi, mudferwi, grilio Ffwrn llosgi coed i goginio pizza
Ffrengig	Cig, llysiau, perlysiau, caws	Boeuf bourguignon, soufflé caws, soupe à l'oignon, éclairs, tarte au citron	Brwysio, fflamboethi, ffrio'n ysgafn, potsio

Strwythur prydau bwyd rhyngwladol

- Mae gan wledydd Mediteranaidd, fel yr Eidal a Ffrainc, yr un strwythur tri phryd bwyd y dydd â Phrydain, ond cinio fydd prif bryd y dydd yn aml.

- Bydd gwledydd yn Asia, fel Tsieina ac India, yn rhoi nifer mawr o seigiau ar y bwrdd ar yr un pryd, gan gynnig dewis eang o fwydydd i'r sawl sy'n bwyta'r pryd bwyd. Bydd brecwast yn India a Tsieina yn cynnwys reis a bwyd sbeislyd.

Ffigur 9.2 Mae strwythur prydau bwyd yn amrywio o wlad i wlad

Dull coginio Cymreig

ADOLYGU

- Yn hanesyddol, mae seigiau traddodiadol Cymru yn seiliedig ar fwyd lleol. Mae'r rhain yn cynnwys:
  - cawl – stiw traddodiadol o gig oen
  - bara brith – torth ffrwythau Gymreig
  - bara lawr – gwymon sy'n cael ei olchi a'i goginio i greu past meddal gwyrdd tywyll
  - caws pob (*Welsh rarebit*)
  - teisennau cri
  - selsig Morgannwg – selsig llysieuol sy'n cynnwys cennin, caws a thatws.

- Mae bwydydd eraill sy'n cael eu cynhyrchu yng Nghymru yn cynnwys cigoedd fel cig oen morfa heli, ham Sir Gâr a chig eidion gwartheg duon Cymreig, a chawsiau fel caws Caerffili a chaws Cenarth.

Cyngor

Gallai cwestiwn am ddulliau coginio gwahanol ofyn i chi gymharu'r cynhwysion sy'n cael eu defnyddio fwyaf yn neiet pobl Prydain a deiet pobl o wledydd Mediteranaidd. Mae hinsawdd gwledydd Mediteranaidd yn boethach, felly mae bwydydd fel tomatos, perlysiau ac olewydd yn tyfu yno. Dyma'r cynhwysion sy'n sail i'r sawsiau coginio sy'n cael eu defnyddio yn y gwledydd hyn. Mae prydau bwyd Prydeinig yn fwy sylweddol, a gan fod yr hinsawdd yn oerach, dydyn ni ddim yn gallu tyfu amrywiaeth cystal o lysiau a ffrwythau. Rhowch gynifer o fanylion â phosibl am enghreifftiau o seigiau, gan gyfiawnhau'r cynhwysion sy'n cael eu defnyddio.

Profi eich hun

1 Cynlluniwch bryd tri chwrs gan ddefnyddio dulliau coginio Prydeinig traddodiadol. Nodwch y prif grwpiau maeth yn y pryd bwyd hwn. [6 marc]
2 Esboniwch pam mae dulliau coginio Asiaidd yn defnyddio llawer o reis. [2 farc]
3 Nodwch ddau bryd Eidalaidd poblogaidd y mae pobl ym Mhrydain yn eu bwyta'n aml. [2 farc]
4 Esboniwch pam mae dulliau coginio Cymreig yn cynnwys seigiau traddodiadol sy'n wahanol i weddill y DU, a rhowch ddwy enghraifft o'r seigiau hyn. [4 marc]

Camau sylfaenol prosesu a chynhyrchu

- **Bwyd cynradd:** bwyd sydd wedi'i ddyfu neu ei fagu ac nad yw'n bosibl ei fwyta yn ei gyflwr gwreiddiol. Mae angen ei brosesu neu ei baratoi cyn y gallwn ni ei fwyta. Mae enghreifftiau'n cynnwys tatws amrwd, gwenith a llaeth.
- **Prosesu cynradd:** newid bwydydd cynradd o'u cyflwr amrwd i greu cynnyrch y mae'n bosibl ei fwyta neu ei ddefnyddio i gynhyrchu bwydydd eraill. Gall fod yn broses syml, fel golchi neu blicio llysiau, neu'n broses fwy cymhleth fel pasteureiddio llaeth.

Tarddiad

- Dyma'r man lle mae bwyd cynradd wedi cael ei ddyfu neu ei fagu. Er enghraifft, bydd label ar ffrwythau yn nodi'r wlad ble tyfwyd nhw.
- O dan gyfreithiau labelu'r DU, rhaid i labeli cig eidion, cig llo, pysgod a physgod cregyn, mêl, olew olewydd, gwin, y rhan fwyaf o ffrwythau a llysiau a dofednod sy'n cael eu mewnforio o'r tu allan i'r UE, ddangos o ba wlad y maen nhw'n tarddu.

Cludo bwydydd cynradd

- Pan fydd bwydydd yn barod i'w cynaeafu, neu eu lladd, rhaid eu cludo i'r safle neu i'r ffatri brosesu.
- Bydd ffrwythau a llysiau'n cael eu casglu â llaw neu â pheiriant, a'u rhoi mewn cynwysyddion i'w golchi a'u didoli.
- Bydd cnydau'n cael eu cynaeafu gan beiriannau fel dyrnwyr medi neu dractorau, cyn eu cludo i seilos grawn a'u storio fel bwyd i wartheg. Neu, byddan nhw'n cael eu hanfon i felinau i'w prosesu'n flawd, blawd ceirch a chynnyrch grawn arall. Bydd had rêp yn cael ei gynaeafu a'i brosesu i greu olew, bwyd i wartheg a biodiesel.

- Bydd gwartheg yn cael eu cludo mewn trelars arbennig i'r lladd-dy.
- Mae'n bosibl defnyddio lorïau ag oergell i gadw bwyd yn ffres a'i atal rhag mynd yn ddrwg.

Golchi a didoli bwydydd amrwd

ADOLYGU

- Mae prosesu cynradd yn cynnwys glanhau a didoli cnydau hefyd.
- Bydd tatws yn cael eu rhoi drwy beiriant 'rhidyllu' (*riddling*) i gael gwared ar gerrig, gwastraff arall a thatws sydd wedi'u difrodi.
- Yna, byddan nhw'n cael eu golchi, eu didoli'n ôl maint a'u rhoi mewn bagiau.

Cyngor

Mae'n bosibl y bydd angen i chi roi enghreifftiau o fwydydd sy'n mynd drwy broses prosesu cynradd, ac esbonio'r broses honno. Cofiwch mai dyma'r broses y mae bwyd amrwd yn mynd drwyddi cyn i ni allu ei fwyta, neu cyn i ni allu ei ddefnyddio i wneud cynnyrch eilaidd. Meddyliwch am godi llysieuyn o'r tir, neu gasglu llysiau amrwd, a meddyliwch beth byddai angen i chi ei wneud cyn gallu ei fwyta. Un enghraifft fyddai casglu codennau pys, a thynnu'r pys allan o'r codennau.

Profi eich hun

PROFI

1 Rhowch ddwy enghraifft o fwydydd cynradd. [2 farc]
2 Esboniwch beth yw prosesu cynradd, a rhowch enghraifft. [4 marc]

Camau eilaidd prosesu a chynhyrchu

- **Prosesu eilaidd:** newid neu drosi bwyd cynradd yn gynhwysyn y gellir ei ddefnyddio i wneud cynnyrch bwyd arall, sef cynnyrch bwyd eilaidd.
- Gall prosesu eilaidd gynnwys nifer o gamau gwahanol i gynhyrchu'r cynnyrch terfynol.

Tabl 9.2 Enghreifftiau o gynnyrch bwyd eilaidd

Cynnyrch cynradd	Cynnyrch eilaidd
Gwenith	Blawd
Llaeth	Caws ac iogwrt
Ffrwythau	Jam a jeli
Betys siwgr	Siwgr gronynnog neu fân

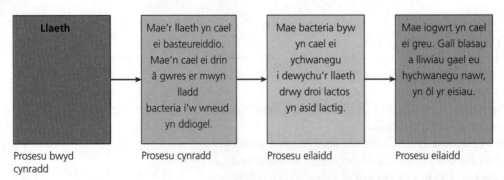

Ffigur 9.3 Troi llaeth yn iogwrt – enghraifft o brosesu eilaidd

Sut mae prosesu'n effeithio ar briodweddau synhwyraidd cynhwysion

ADOLYGU

Gall llawer o'r prosesau hyn effeithio ar olwg, arogl a blas cynnyrch.

Gwresogi

Bydd yr holl laeth sy'n cael ei werthu yn y DU wedi cael ei drin gyda gwres i ladd bacteria niweidiol.

- Fydd **pasteureiddio** llaeth ddim yn effeithio ar ei flas na'i olwg.
- Bydd **diheintio** llaeth (llaeth *UHT*) yn newid blas y llaeth wrth i'r broses wresogi greu adwaith rhwng y siwgr a'r protein yn y llaeth.

Oeri a rhewi

- Fydd oeri cynnyrch ddim yn effeithio ar ei flas, ei olwg na'i arogl.
- Gall rhewi cynnyrch effeithio ar sut mae'n edrych. Er enghraifft, mae'n bosibl rhewi mefus ond byddan nhw'n colli eu siâp wrth ddadmer – gweler Pennod 7.

Sychu a chyweirio

- Drwy sychu bwyd, byddwn ni'n cael gwared ar ddŵr, felly bydd y cynnyrch terfynol yn edrych yn wahanol iawn. Un enghraifft o hyn yw llaeth sych.
- **Sychrewi** (*freeze-drying*): bydd y bwyd yn cael ei rewi'n gyntaf, ac yna'n cael ei roi mewn gwactod cryf. Bydd y dŵr yn troi yn syth o rew i anwedd. Enghreifftiau o fwydydd sy'n cael eu sychrewi yw coffi parod, mefus, afalau a gellyg. Fydd sychrewi ddim yn cael cymaint o effaith ar flas bwyd â'r broses sychu gyffredin.
- **Cyweirio** (*curing*): bydd y cig yn cael ei drin â chemegion fel halen neu sodiwm nitrad. Enghreifftiau o'r bwydydd hyn yw cig moch, salami a ham Parma. Bydd blas a lliw'r cig yn newid, yn ogystal â'i deimlad.

Mygu

- **Mygu**: y broses o drin bwyd â mwg o ddefnydd sy'n llosgi neu'n mudlosgi – pren fel arfer. Cigoedd a physgod yw'r bwydydd sy'n cael eu mygu amlaf, er bod modd mygu cawsiau a llysiau hefyd. Bydd y broses yn newid blas a golwg y bwyd.

Ffigur 9.4 Cigoedd wedi'u cyweirio

Eplesu

- **Eplesu**: bwydydd sy'n cael eu cynhyrchu neu eu cyffeithio drwy weithgaredd micro-organebau (bacteria). Mae iogwrt a sauerkraut (bresych wedi'i biclo) yn cael eu cynhyrchu drwy broses eplesu. Bydd y broses yn newid blas, gwead a golwg y bwyd, yn ogystal â'i arogl.

Profi eich hun

PROFI

1 Esboniwch beth yw ystyr y term 'prosesu eilaidd'. [2 farc]
2 Rhestrwch y camau yn y broses sychrewi, ac enwch ddau fath o fwyd y gallwch chi eu sychrewi. [4 marc]
3 Rhowch ddwy enghraifft o ddulliau prosesu bwyd sydd ddim yn newid blas na golwg cyffredinol y bwyd dan sylw. [2 farc]

Cyngor

Gwnewch yn siŵr eich bod chi'n gallu disgrifio sut mae un o'r prif fwydydd, fel tatws, reis neu wenith, yn mynd drwy broses prosesu eilaidd i'w droi'n gynnyrch terfynol fel bara neu gaws. Cofiwch gynnwys manylion y cam prosesu cynradd, ac yna'r holl brosesau eilaidd.

Datblygiadau technolegol wrth gynhyrchu bwyd

Defnyddio cyfrifiaduron wrth gynhyrchu

ADOLYGU

- Gall cyfrifiaduron reoli'r prosesau gwahanol yn fanwl gywir, a gwella'r canlyniad terfynol.
- Gall cyfrifiaduron stopio'r llinell gydosod gyfan hefyd, ar unrhyw adeg. Bydd hyn yn lleihau gwastraff bwyd os bydd problem yn codi.
- Mae cyfrifiaduron wedi lleihau'r angen i gyflogi cynifer o weithwyr mewn ffatri hefyd, sy'n arbed arian i'r cynhyrchwyr, ond sy'n lleihau nifer y swyddi sydd ar gael i weithwyr.

Tabl 9.3 Defnyddio cyfrifiaduron wrth gynhyrchu bwyd

Cam yn y broses	Beth mae'r cyfrifiadur yn ei wneud	Manteision defnyddio cyfrifiaduron
Pwyso cynhwysion amrwd	Defnyddio synwyryddion i gadarnhau'r pwysau; rheoli llif y cynhwysion	Arbed amser; gofalu bod pob eitem yn pwyso'r un faint
Cyfuno cynhwysion i ffurfio'r gymysgedd	Rheoli pa mor gyflym yw'r broses gymysgu a pha mor hir yw hi	Does dim angen i weithwyr wneud cymaint; mae'n gwneud yn siŵr y bydd pob cymysgedd yr un fath bob tro
Rhannu'r toes neu'r gymysgedd yn gyfrannau	Pwyso pob cyfran yn fanwl gywir neu eu rholio i'r un trwch	Diogelu gweithwyr pan fyddan nhw'n sleisio neu'n rhannu; mae'r broses yn gyflymach; mae'n sicrhau bod pob cynnyrch o'r un maint a siâp
Pobi'r cynnyrch bwyd	Rheoli tymheredd y ffwrn drwy ddefnyddio synwyryddion manwl gywir; monitro'r amser i wneud yn siŵr nad yw'r cynnyrch yn cael ei goginio ormod neu ddim digon	Diogelu gweithwyr; bydd pob cynnyrch yn edrych yr un fath
Pecynnu'r cynnyrch	Gofalu nad yw cyrff estron yn halogi'r cynnyrch, er enghraifft datgelu metel	Diogelu'r cynnyrch

Atgyfnerthu ac addasu bwyd i wella iechyd

Atgyfnerthu

ADOLYGU

- **Atgyfnerthu** (*fortification*): ychwanegu maetholion at fwydydd.
- Mae'n bosibl ychwanegu maetholion sy'n cael eu colli wrth brosesu'r bwyd. Mae hyn yn arbennig o bwysig os oedd y bwyd yn ffynhonnell dda o faeth cyn ei brosesu, er enghraifft, atgyfnerthu blawd gwyn a brown (gweler Pennod 1).
- Yn unol â'r gyfraith, mae fitaminau A a D yn cael eu hychwanegu at fargarîn.
- Efallai y bydd maetholion yn cael eu hychwanegu at fwyd a diod i'w gwneud nhw'n ddeniadol, er enghraifft ychwanegu asidau brasterog Omega 3, calsiwm neu haearn.
- Yn y DU, mae fitaminau a haearn yn cael eu hychwanegu at rawnfwyd a blawd i gyfrannu at ddeiet iach.
- Bydd fitamin B_{12} yn cael ei ychwanegu'n aml at fwydydd sy'n cael eu cynhyrchu ar gyfer feganiaid a llysieuwyr, fel cynnyrch soia.

Addasu bwyd

ADOLYGU

Mae **bwydydd wedi'u haddasu** yn cynnwys:

- bwydydd sydd â maetholion ychwanegol, e.e. iogwrt sydd â lactobacillus wedi'i ychwanegu ato, yr honnir ei fod yn cryfhau'r fflora ym mherfedd y corff
- fersiynau o gynnyrch sy'n cynnwys llai o siwgr neu fraster
- **bwyd wedi'i addasu'n enynnol** y mae'r DNA wedi'i addasu i gryfhau neu i wella un o briodweddau dymunol y cynnyrch; gallwch chi wneud hyn i wella oes silff y cynnyrch, i'w helpu i wrthsefyll clefydau neu blâu, neu i ychwanegu at ei werth maethol.

> **Cyngor**
>
> Os cewch chi gwestiwn am fanteision defnyddio cyfrifiadur yn ystod y broses gynhyrchu, meddyliwch am bob cam o'r broses, ac ysgrifennwch sut byddai'n haws i gyfrifiadur reoli'r cam hwnnw.

Profi eich hun

PROFI

1 Disgrifiwch sut gall cyfrifiadur fod yn well nag unigolyn am bwyso cynhwysion ar linell gynhyrchu. [2 farc]
2 Esboniwch ystyr y term 'atgyfnerthu bwyd' a rhowch ddwy enghraifft o fwydydd y mae'n rhaid eu hatgyfnerthu yn y DU, yn unol â'r gyfraith. [4 marc]

Ychwanegion bwyd

ADOLYGU

- Mae tri grŵp gwahanol o ychwanegion (*additives*):-
  - **naturiol:** mae'r rhain i'w cael yn naturiol mewn bwydydd, er enghraifft sudd betys i liwio bwyd
  - **artiffisial:** wedi'u gwneud o gemegion yn unig
  - **unfath â natur:** wedi'u gwneud yn gemegol i fod yr un fath â chynnyrch naturiol (synthetig).
- Bydd profion diogelwch yn cael eu cynnal ar yr holl ychwanegion, cyn iddyn nhw gael rhif penodol o dan ddeddfwriaeth yr UE, er mwyn ei adnabod mewn cynnyrch.

Tabl 9.4 Defnyddio ychwanegion

Math o ychwanegyn	Pam mae'n cael ei ddefnyddio	Enghreifftiau o fwydydd sy'n cynnwys yr ychwanegyn hwn
Lliwiau (Rhifau E100)	Creu lliw mwy deniadol Ychwanegu lliw newydd Ychwanegu lliw sydd wedi'i golli wrth brosesu'r bwyd	Diodydd byrlymog, pys tun, iogwrt ffrwythau, melysion
Cyffeithyddion (Rhifau E200)	Ymestyn oes silff cynnyrch i'w atal rhag mynd yn hen yn gyflym	Ffrwythau sych, cyffaith ffrwythau, cawsiau, ham, selsig
Gwrthocsidyddion (Rhifau E300)	Atal bwyd rhag troi'n frown drwy ocsideiddio Atal braster rhag troi'n sur	Bisgedi, jam, ffrwythau wedi'u torri, margarîn, creision
Emwlsyddion a sefydlogyddion a chyfryngau gelio (Rhifau E400)	Helpu bwydydd i gyfuno ac atal bwydydd rhag gwahanu Ymestyn oes silff nwyddau wedi'u pobi Rhoi gwead hufennog i fwydydd	Sbreds â chynnwys braster isel, mayonnaise, rhai nwyddau pob
Rheolyddion asidedd a chyfryngau gwrthdalpio (Rhifau E500, ond maen nhw hefyd yn cynnwys rhywfaint o rifau E200 a E300)	Rheoli asidedd neu alcalinedd i lefel bwysig o safbwynt prosesu'r bwyd, ei flas a'i ddiogelwch (os na fydd lefelau pH yn cael eu rheoli, gall bacteria niweidiol dyfu)	Menyn, llenwadau pasteiod, diodydd byrlymog
Cryfhawyr blas (Rhifau E600)	Gwella blas cynnyrch neu ychwanegu blas sydd wedi'i golli wrth ei brosesu	Iogwrt, cawl, saws, selsig

Manteision defnyddio ychwanegion

- Maen nhw'n cadw bwyd yn ddiogel am gyfnod hirach.
- Maen nhw'n cynnal ansawdd y cynnyrch.
- Gallan nhw ychwanegu lliw a blas sydd wedi'i golli wrth brosesu'r bwyd.
- Gallan nhw helpu i greu cynnyrch hufennog neu lyfn, neu fwy lliwgar, sy'n ei wella o safbwynt y defnyddiwr.
- Gallan nhw leihau nifer y calorïau mewn cynnyrch, er enghraifft, drwy ddefnyddio melysyddion yn lle siwgr.
- Gallan nhw gynhyrchu cyflasau gwahanol, er enghraifft creision.
- Gallan nhw greu amrywiaeth ehangach o fwydydd i ddefnyddwyr.
- Os bydd maetholion yn cael eu hychwanegu, gall wella gwerth maethol y bwyd.

Anfanteision defnyddio ychwanegion

- Mae gan rai pobl alergedd i rai ychwanegion, a gallan nhw greu brech ar y croen neu broblemau anadlu.
- Gall rhai lliwiau artiffisial greu gorfywiogrwydd ymhlith plant.
- Gall rhai ychwanegion gael eu defnyddio i guddio'r ffaith bod y cynhwysion neu'r bwydydd o ansawdd gwael.
- Mae'n ymddangos bod cysylltiad posibl rhwng rhai ychwanegion a chanser, os yw pobl yn bwyta llawer iawn ohonyn nhw.
- Gan fod ychwanegion yn cael eu defnyddio mewn cynifer o'r bwydydd rydyn ni'n eu bwyta, mae pryder y byddan nhw'n cael effeithiau hirdymor ar ein hiechyd, ond mae llawer o waith ymchwil yn cael ei gynnal o hyd.

Cyngor

Gallai cwestiynau am ychwanegion ofyn i chi drafod manteision ac anfanteision defnyddio ychwanegion bwyd. Cofiwch gynnwys gwybodaeth am y modd y mae gwaith ymchwil yn cael ei gynnal i ddiogelwch ychwanegion bwyd, cyn iddyn nhw gael eu defnyddio mewn bwydydd. Rhestrwch y manteision a'r anfanteision, gan drafod pob pwynt yn llawn i ennill marciau uchel.

Profi eich hun

PROFI

1 Rhowch ddau fath gwahanol o ychwanegyn bwyd, gan nodi eu swyddogaeth yn y bwyd. [4 marc]
2 Esboniwch y gwahaniaeth rhwng grwpiau naturiol o ychwanegion a grwpiau unfath â natur. [4 marc]
3 Rhestrwch ddwy fantais a dwy anfantais sy'n gysylltiedig â defnyddio ychwanegion. [4 marc]

10 Ffactorau sy'n effeithio ar ddewis bwyd

Canfyddiad synhwyraidd

Canfyddiad synhwyraidd yw'r ffordd rydyn ni'n adnabod blas mewn bwyd. Blas yw canlyniad yr hyn sy'n dod o'r holl ysgogwyr synhwyraidd, sydd i'w gweld yn Ffigur 10.1.

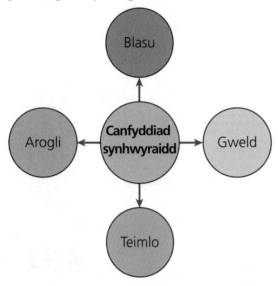

Ffigur 10.1 Synhwyrau sy'n rhan o ganfyddiad synhwyraidd

Blas

ADOLYGU

- Byddwn ni'n dewis y blasau rydyn ni'n eu hoffi drwy brofiad.

Sut mae derbynyddion blas yn gweithio

Mae **blasbwyntiau** ar wyneb y tafod, ar y daflod feddal, y tu mewn i'r foch, yn rhan uchaf yr oesoffagws, ac ar yr epiglotis.

Ar wyneb eich tafod, mae mandyllau, ac ar ôl i'r bwyd rydych chi'n ei fwyta hydoddi yn eich poer, bydd yn mynd drwy'r mandyllau hyn. Mae **derbynyddion blas** ar ben y blasbwyntiau yn y mandyllau hyn. Bydd y rhain yn anfon negeseuon i'r ymennydd er mwyn adnabod blasau.

Mae'n bosibl rhannu blasau'n bump o elfennau:-

1 **Melyster:** yr holl fwydydd melys.
2 **Surni:** dyma'r blas sy'n adnabod asidedd. Mae'r blas hwn i'w gael mewn bwydydd fel lemon, grawnwin, oren, ac weithiau melon.
3 **Halltineb:** bydd unrhyw fwydydd sy'n cynnwys sodiwm, sodiwm clorid neu botasiwm yn creu blas hallt.
4 **Chwerwedd:** Mae bwydydd chwerw yn cynnwys coffi, olifau, croen ffrwythau citrig, rhannau gwyrdd dant y llew a sicori.
5 **Umami:** Mae hwn yn cael ei ddisgrifio'n flas sawrus neu gigog. Mae'n bosibl ei flasu mewn caws a saws soi. Mae'n bresennol mewn bwydydd wedi'u heplesu neu wedi heneiddio, ac mewn tomatos, grawn a ffa. Mae monosodiwm glwtamad, sy'n ychwanegyn bwyd, yn cynhyrchu blas umami cryf.

Byddwch chi'n blasu'r rhain dros eich tafod i gyd.

Arogl

ADOLYGU

- Arogl sy'n gyfrifol am wyth deg y cant o'r hyn rydyn ni'n ei ganfod fel blas (*flavour*) bwyd, a dim ond 20% sydd i'w briodoli i flas (*taste*) yn unig.
- Mae'r **system arogleuol** yn eich trwyn. Mae celloedd gwallt bach iawn yn y system arogleuol, ac mae'r rhain yn ymateb i gemegion penodol ac yn anfon negeseuon i'r ymennydd i adnabod arogl. Mae'r ceudod trwynol a'r geg wedi'u cysylltu – dyna pam rydyn ni'n defnyddio'r ddau synnwyr i adnabod blas. Wrth arogli, byddwn ni'n cynhyrchu mwy o boer, ac yn rhyddhau suddion gastrig ac inswlin i'r system dreulio.

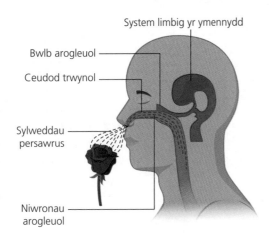

System limbig yr ymennydd

Bwlb arogleuol

Ceudod trwynol

Sylweddau persawrus

Niwronau arogleuol

Ffigur 10.2 Y system arogleuol

Golwg

ADOLYGU

- Mae bwyd sy'n edrych yn ddeniadol ac yn flasus yn fwy derbyniol i ni, a byddwn ni'n aml yn gwrthod bwyd os nad yw'n edrych yn ddeniadol.
- Rydyn ni'n cysylltu lliwiau arbennig â blasau arbennig yn ein hymennydd, er enghraifft, rydyn ni'n cysylltu'r lliw coch â blas ffrwythau.

Teimlad

ADOLYGU

Mae'r rhan o'r ymennydd sy'n delio ag aroma neu arogl (y **cortecs arogleuol)** yn gysylltiedig â'r rhan o'r ymennydd sy'n delio â chyffyrddiad (y **cortecs corfforol-synhwyraidd**). Byddwn ni'n penderfynu a yw bwyd yn ffres ar sail y blas, yr arogl a'r golwg, er enghraifft, mae creision ffres yn grensiog.

> **Cyngor**
>
> Gallai cwestiwn am hyn ofyn i chi restru sut mae'r pedwar synnwyr sy'n rhan o flasu'n gweithio gyda'i gilydd. Byddai angen i chi restru'r pedwar synnwyr, esbonio sut maen nhw'n gweithio a disgrifio sut mae arogl a blas yn gweithio gyda'i gilydd, gan fod y ceudod trwynol a'r geg wedi'u cysylltu yn y corff. Yna byddai angen esbonio sut mae'r rhan o'r ymennydd sy'n ymdrin ag arogl wedi'i chysylltu â'r rhan o'r ymennydd sy'n ymdrin â chyffyrddiad. Edrychwch ar y marciau sydd ar gael a phenderfynwch a oes angen i chi restru'r pum elfen sy'n gysylltiedig â blas hefyd.

> **Profi eich hun**
>
> PROFI
>
> 1 Esboniwch pam na fyddai rhywun yn gallu blasu bwyd yn iawn ar ôl anafu'r rhan o'i ymennydd sy'n delio ag arogl. [3 marc]
> 2 Enwch y pum elfen sy'n rhan o flasu a rhowch enghraifft o fwyd sy'n gysylltiedig â phob un. [5 marc]

Atebion i'r cwestiynau Profi eich hun: **www.hoddereducation.co.uk/fynodiadauadolygu**

Paneli blasu a phrofi hoff ddewis

Nodweddion synhwyraidd bwyd

ADOLYGU

Nodweddion synhwyraidd: golwg neu ymddangosiad, arogl neu aroma, blas a gwead a sŵn y bwyd.

Dadansoddiad synhwyraidd: gwerthuso nodweddion synhwyraidd bwyd drwy gynnal profion blasu.

Drwy gynnal prawf blasu rydych chi'n gallu:
● adnabod prif nodweddion cynnyrch
● pennu a oes angen unrhyw welliannau
● cadarnhau a yw cynnyrch yn addas/derbyniol
● cymharu pa mor debyg a gwahanol yw cynnyrch bwyd
● profi safon y cynnyrch bwyd.

Profion blasu

ADOLYGU

Profion sgorio

Mewn **prawf sgorio**, gallai'r blaswyr naill ai:
● Rhoi sgôr i nodwedd benodol mewn cynnyrch bwyd, fel pa mor greisionllyd neu pa mor hallt yw'r bwyd, a rhoi barn am y cynnyrch drwy roi sgôr i'r nodwedd yn ôl graddfa benodol. Drwy hyn, gallan nhw ddangos a oedden nhw'n ei hoffi'n fawr neu ddangos nad oedden nhw'n ei hoffi o gwbl. **Sgôr hoffter** yw hwn. Bydd y blaswyr yn rhoi tic mewn blwch i ddangos faint y maen nhw'n hoffi'r cynnyrch bwyd. NEU
● Os byddan nhw'n blasu mwy nag un cynnyrch bwyd, byddan nhw'n rhestru cynnyrch bwyd yn ôl faint y maen nhw'n ei hoffi. Bydd y blaswyr yn eu gosod yn eu trefn – o'r bwyd roedden nhw'n ei hoffi fwyaf i'r bwyd roedden nhw'n ei hoffi leiaf.

Profion proffilio

Mae'n bosibl defnyddio **prawf proffilio** i ddarganfod beth mae pobl yn ei hoffi'n arbennig am gynnyrch bwyd. Byddai'r math hwn o brawf yn helpu i ddatblygu proffil yn unol ag amrywiaeth o nodweddion synhwyraidd, er enghraifft, pa mor gnoadwy, hufennog neu hallt yw cynnyrch. Byddai'r blaswyr yn rhoi sgôr o rhwng un a phump i'r cynnyrch bwyd.

Proffil seren

Gall blaswyr ddefnyddio **proffil seren** neu **siart seren** wrth asesu nodweddion synhwyraidd cynnyrch fel golwg, gwead, blas ac aroma. Byddan nhw'n rhoi sgôr i nodweddion y cynnyrch. Mae'n bosibl defnyddio hyn i weld sut i wella'r cynnyrch.

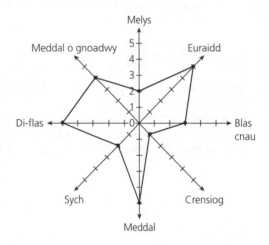

Ffigur 10.3 Proffil seren ar gyfer cwcis almon

Creu paneli blasu

ADOLYGU

Diwydiant

Mae'r rhain yn cael eu rheoli'n llym i sicrhau canlyniadau dibynadwy. Dyma rai agweddau sy'n cael eu rheoli:
● y golau a'r tymheredd yn yr ardal
● gwahanu blaswyr i'w hatal rhag siarad â'i gilydd neu ddylanwadu ar ei gilydd

- defnyddio blaswyr sydd wedi'u hyfforddi
- codio samplau o fwyd drwy ddefnyddio rhifau ar hap
- gweini samplau o fwyd ar blatiau neu mewn cynwysyddion sydd yn union yr un maint, yr un lliw a'r un siâp
- tymheredd y bwyd sy'n cael ei weini i sicrhau ei fod yn union yr un fath i bob blaswr
- nifer y samplau sy'n cael eu cyflwyno i'r blaswr
- glanhau'r geg rhwng pob sampl, drwy yfed dŵr neu drwy fwyta bisgedi/cracer blaen
- rhoi cyfarwyddiadau clir i'r blaswr
- defnyddio taflenni canlyniadau sy'n glir ac yn hawdd eu defnyddio.

Ystafell ddosbarth yn yr ysgol

- Gofynnwch i gynifer â phosibl gymryd rhan er mwyn cael barn amrywiol am y cynnyrch bwyd.
- Gofynnwch i bobl sy'n perthyn i'r grŵp targed, er enghraifft pobl ifanc yn eu harddegau neu lysieuwyr.
- Cyn y sesiwn blasu, penderfynwch ar y math o brawf fyddai orau a pharatowch siart neu broffil blasu.
- Bydd angen rhoi cyfarwyddiadau clir a cheisio gwneud yn siŵr nad yw'r blaswyr yn gallu siarad â'i gilydd a rhannu syniadau, er mwyn gwneud yn siŵr bod y canlyniadau'n deg.
- Ar ôl y sesiwn blasu mae'n bwysig dadansoddi'ch canlyniadau a nodi lle gallwch chi wella neu newid unrhyw beth.

Cyngor

Os cewch gwestiwn am gynnal prawf blasu, gwnewch restr fer o'r holl bethau a allai ddylanwadu ar benderfyniad y blaswyr. Ceisiwch gynllunio prawf blasu sydd mor deg â phosibl, i wneud yn siŵr eich bod yn cael gwared ar bob ffactor a allai ddylanwadu'n annheg ar y prawf. Meddyliwch am faint y gyfran, rhifo ar hap, atal pobl rhag siarad â'i gilydd a'r math o brawf y byddech chi'n ei ddefnyddio.

Profi eich hun

PROFI

1 Enwch ddau fath o brawf blasu, ac esboniwch sut maen nhw'n gweithio. [4 marc]
2 Rhestrwch bedwar peth y bydd angen i chi eu hystyried i greu prawf blasu sydd mor deg â phosibl ac yn rhoi'r canlyniadau sydd eu hangen arnoch i chi fedru dewis eich saig derfynol. [4 marc]

Ffactorau sy'n effeithio ar ddewis bwyd

Mwynhad

ADOLYGU

Byddwch chi'n fwy tebygol o fwynhau bwyd:
- os ydych chi'n llwglyd – mae'ch blasbwyntiau'n fwy sensitif os ydych chi'n llwglyd
- os yw'r bwyd yn flasus – mae apêl synhwyraidd uchel gan fwydydd melys a bwydydd â llawer o fraster
- os ydych chi'n hapus – gall y ffordd rydych chi'n teimlo effeithio ar eich mwynhad
- os dydych chi ddim yn teimlo'n euog am fwyta'r bwyd.

Hoff fwydydd

ADOLYGU

- Mae'n well gan fodau dynol fwydydd melys.
- Gall profiadau, agweddau, credoau a disgwyliadau hefyd ddylanwadu ar y bwydydd rydyn ni'n eu hoffi a ddim yn eu hoffi.

Natur dymhorol

ADOLYGU

- Dim ond ar adegau penodol o'r flwyddyn y mae ffrwythau a llysiau ffres ar gael, a hynny pan fydd cnydau'n aeddfedu.
- Mae'r rhan fwyaf o fwydydd ar gael drwy gydol y flwyddyn, oherwydd eu bod yn cael eu mewnforio o wledydd eraill.
- Gall **natur dymhorol** hefyd gyfeirio at amseroedd penodol o'r flwyddyn. Byddwn ni'n bwyta bwydydd gwahanol yn yr haf a'r gaeaf.

Ffigur 10.4 Dim ond ar adegau penodol o'r flwyddyn y mae llysiau ar gael yn ffres

Costau

ADOLYGU

- Bydd incwm unigolion neu'r swm o arian sydd ganddyn nhw i'w wario ar fwyd yn rheoli'r math o fwydydd y maen nhw'n dewis eu bwyta.
- Bydd grwpiau ar incwm isel yn debygol o fwyta deiet anghytbwys sy'n seiliedig ar fwydydd rhatach, ac sy'n tueddu i gynnwys mwy o fraster a siwgr.

Y bwydydd sydd ar gael

ADOLYGU

- Mae natur dymhorol bwyd yn ffactor, fel y nodwyd uchod.
- Bydd mynediad at gludiant a siopau yn cyfyngu ar y math o fwydydd sydd ar gael.
- Os ydych chi'n byw gerllaw nifer o archfarchnadoedd, yn berchen ar gar ac yn gallu gyrru, byddwch chi'n gallu prynu unrhyw beth, yn hawdd ac yn gyflym.
- Os ydych chi'n byw ar stad fawr o dai, neu y tu allan i'r dref, ac yn dibynnu ar gludiant cyhoeddus, bydd yn anoddach i chi brynu a chludo nwyddau. Efallai y bydd rhaid i chi ddibynnu ar siopau bach, lleol sydd ddim yn cadw amrywiaeth mor eang o gynnyrch ag archfarchnadoedd mawr.
- Os ydych chi'n byw mewn pentref yng nghefn gwlad, neu ar ynys anghysbell yn yr Alban, bydd eich dewis yn fwy cyfyngedig o lawer.

Adeg o'r dydd

- Os byddwch chi'n siopa pan fyddwch chi'n llwglyd, byddwch chi'n debygol o wario mwy.
- Dim ond gyda'r nos y bydd rhai'n eistedd wrth y bwrdd i fwyta gyda'i gilydd, felly mae'n bosibl y byddan nhw'n dewis cael byrbryd yn unig fel pryd ar adegau eraill o'r dydd.

Y gweithgareddau rydych chi wedi'u cynllunio

- Os ydych chi'n cymryd rhan mewn gweithgaredd chwaraeon, byddwch chi'n dewis bwyd sy'n addas ar gyfer y gweithgaredd.
- Mae bywydau nifer o deuluoedd yn brysur a dydyn nhw ddim yn bwyta gyda'i gilydd pob dydd. Mae hyn yn effeithio ar y bwyd y maen nhw'n dewis ei fwyta – p'un ai ydyn nhw'n prynu prydau parod neu'n coginio seigiau ffres a'u rhewi, neu'n rhoi rhan ohonyn nhw yn yr oergell i'w hailwresogi rywbryd eto.

Dathliadau, achlysuron a diwylliant

- Mae pen-blwyddi, priodasau a phen-blwyddi priodas yn aml yn cael eu dathlu drwy gynnal parti, sy'n golygu prynu a pharatoi bwydydd a seigiau arbennig.
- Mae'r Nadolig yn achlysur teuluol mawr pan fydd bwydydd traddodiadol, fel twrci wedi'i rostio a phwdin Nadolig, yn cael eu bwyta.
- Mae gan nifer o grefyddau eu dathliadau a'u bwydydd traddodiadol eu hunain sy'n cael eu bwyta ar adegau penodol o'r flwyddyn.

Ffigur 10.5 Cinio Nadolig traddodiadol

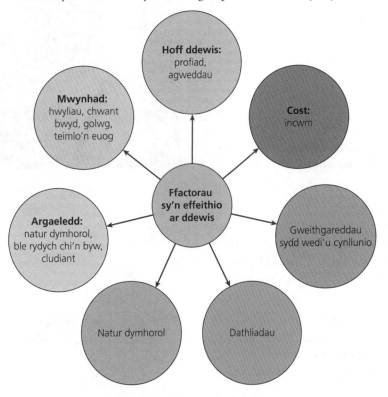

Ffigur 10.6 Ffactorau sy'n effeithio ar ddewis

Cyngor

Gallai cwestiwn am hyn ofyn i chi ateb ar ffurf traethawd gan drafod ffactorau a allai ddylanwadu ac effeithio ar y bwyd rydych chi'n dewis ei fwyta. Hynny yw, bydd yn rhaid i chi gynllunio i wneud yn siŵr eich bod yn cynnwys cynifer o bwyntiau â phosibl i ennill y marciau uchaf. Gallai eich cynllun edrych yn debyg i Ffigur 10.6.

Profi eich hun

1 Rhestrwch bedwar peth a fydd yn effeithio ar y bwyd rydych chi'n dewis ei fwyta. [4 marc]
2 Esboniwch pam mae pobl ar incwm isel yn llai tebygol o fwyta bwydydd iach, ac awgrymwch dair ffordd y gallan nhw wella'u deiet. [6 marc]

Atebion i'r cwestiynau Profi eich hun: **www.hoddereducation.co.uk/fynodiadauadolygu**

Y dewis y mae pobl yn ei wneud ynglŷn â bwydydd penodol yn ôl crefydd, diwylliant, cred foesegol, rhesymau meddygol neu ddewis personol

Crefyddau a diwylliannau

ADOLYGU

Mae Hindŵiaid, Mwslimiaid ac Iddewon yn dilyn cyfreithiau bwyd sy'n dweud wrthyn nhw beth gallan nhw, ac na allan nhw, ei fwyta – mae rhagor o fanylion ym Mhennod 4.

Credoau moesegol

Mae nifer o bobl yn troi'n llysieuwyr neu'n feganiaid oherwydd credoau moesegol. Mae'r rhain wedi'u hamlinellu ym Mhennod 4.

Rhesymau meddygol

- **Beichiogrwydd:** mae bwydydd penodol y dylech chi eu bwyta i sicrhau bod y babi'n datblygu'n iawn, a rhai bwydydd y dylech chi eu hosgoi.
- **Clefyd coeliag:** alergedd i glwten sy'n golygu bod yn rhaid dewis bwydydd yn ofalus.
- **Diabetes Math 2:** cyflwr sy'n cael ei fonitro'n ofalus a'i reoli drwy ddilyn deiet penodol a phigiadau inswlin.
- **Clefyd cardiofasgwlar:** cyflwr sy'n golygu bod angen deiet braster isel.
- **Clefyd coronaidd y galon:** cyflwr sy'n golygu bod angen deiet colesterol isel.
- **Strôc:** os ydych wedi cael strôc, dylai'ch deiet fod yn debyg i ddeiet rhywun sydd â chlefyd coronaidd y galon.
- **Gordewdra:** rhaid bwyta bwydydd isel mewn caloriau i helpu i golli pwysau.
- **Alergedd** ac **anoddefedd:** cyflyrau fel alergedd i gnau neu anoddefedd lactos sy'n golygu bod yn rhaid osgoi bwydydd penodol, neu gynnyrch arbennig.

Rhesymau personol

Gall y rhain fod wedi'u seilio ar fagwraeth, crefydd, pwysau gan gyfoedion, incwm neu unrhyw un o'r pwyntiau uchod.

Ffigur 10.7 Dylai rhai bwydydd gael eu bwyta a rhai eraill gael eu hosgoi yn ystod beichiogrwydd

Sut i wneud penderfyniadau gwybodus ynglŷn â bwyd a diod er mwyn creu deiet amrywiol a chytbwys

Dewis y cynhwysion iawn

ADOLYGU

Dyma'r prif grwpiau maeth:
- **Macrofaetholion:** protein, braster a charbohydrad.
- **Microfaetholion:** fitaminau, mwynau ac elfennau hybrin.

Bydd deiet cytbwys yn cynnwys amrywiaeth o fwydydd sy'n cynnwys y maetholion angenrheidiol.

Cyfrifo gofynion egni

ADOLYGU

- Cyfrifwch eich **Cyfradd Metabolaeth Waelodol (BMR)**.
- Cyfrifwch eich **Lefelau Gweithgaredd Corfforol (PAL)**.
- Defnyddiwch y rhain i gyfrifo'ch **Gofyniad Cyfartalog a Amcangyfrifir (EAR)**. Gweler tudalen 37.

Defnyddio argymhellion y llywodraeth

ADOLYGU

- Darllenwch y Canllaw Bwyta'n Dda i weld yr argymhellion ar gyfer bwyta'n iach. Gweler tudalen 38.
- Dilynwch y canllawiau er mwyn bwyta'n iach.
- Defnyddiwch y wybodaeth am y maeth sydd ei angen ar grwpiau gwahanol. Gweler tudalen 39.

Defnyddio gwefannau a ffynonellau gwybodaeth penodol

ADOLYGU

- Gwefan y GIG (www.nhs.uk).
- Holwch gyrff sy'n ymwneud yn benodol â chyflyrau deietegol, fel Sefydliad Diabetes Prydain (www.diabetes.org.uk) neu Sefydliad Prydeinig y Galon (www.bhf.org.uk).
- Chwiliwch am elusennau penodol sy'n cynnig cynlluniau bwyta a ryseitiau ar gyfer cyflyrau penodol.

Cyfrifo maint cyfran o fwyd

ADOLYGU

- Gallwch chi gyfrifo **maint cyfran o fwyd** drwy edrych ar y rysáit a fydd, fel arfer, yn nodi digon i faint o bobl fydd yn y saig derfynol.
- Darllenwch y wybodaeth ar ddefnydd pecynnu prydau parod i weld digon i faint o bobl yw'r cynnyrch.
- Mae'n bosibl cyfrifo cyfanswm y caloriau fydd ym mhob cyfran drwy gyfrifo cyfanswm gwerth caloriau'r bwydydd sy'n cael eu defnyddio yn y rysáit a'u rhannu â nifer y cyfrannau y byddwch chi'n eu gweini. Gweler tudalen 48.

Cyngor

Gallai cwestiwn ofyn i chi sôn am nifer y caloriau mewn saig. Cofiwch adio cyfanswm y caloriau a rhannu â nifer y cyfrannau. Os oes label ar gynnyrch bwyd parod, edrychwch i weld sawl cyfran y mae'n eu cynnwys a chyfrifo nifer y caloriau fydd ym mhob cyfran. Gweler tudalen 48.

Profi eich hun

PROFI

1 Gan ddefnyddio'r labeli ar y dudalen nesaf, cyfrifwch gyfanswm y caloriau mewn brechdan gaws sy'n cynnwys dwy dafell o fara, 50 g o gaws Cheddar a 2 lwy de o siytni. [3 marc]

Atebion i'r cwestiynau Profi eich hun: **www.hoddereducation.co.uk/fynodiadauadolygu**

Gwybodaeth faethol
(Gwerthoedd nodweddiadol fesul 100 g)

Egni	416 kcal
Braster	34.9 g
(cyfran sy'n fraster dirlawn)	21.7 g
Carbohydrad	0.1 g
(cyfran sy'n siwgr)	0.1 g
Protein	25.4 g
Halen	1.8 g
Calsiwm	739 mg

Caws Cheddar

Maeth

Gwerthoedd nodweddiadol	Ym mhob 100 g	Ym mhob tafell (44 g fel arfer)	% RI*	RI* i oedolyn
Egni	985 kJ	435 kJ		8,400 kJ
	235 kcal	105 kcal	5%	2,000 kcal
Braster	1.5 g	0.7 g	1%	70 g
(cyfran sy'n fraster dirlawn)	0.3 g	0.1 g	1%	20 g
Carbohydrad	45.5 g	20.0 g		
(cyfran sy'n siwgr)	3.8 g	1.7 g	2%	90 g
Ffibr	2.8 g	1.2 g		
Protein	7.7 g	3.4 g		
Halen	1.0 g	0.4 g	7%	6 g

Bara gwyn

Mae'r pecyn hwn yn cynnwys 16 cyfran

*Cymeriant cyfeiriol (RI: reference intake) i oedolyn (8,400 kJ/2,000 kcal)

Gwerthoedd fesul 100 g	Gwerthoedd fesul llwy de (10 g)	
Egni	255 kcal	25 kcal
Braster	1.5 g	0.15 g
(cyfran sy'n fraster dirlawn)	1.0 g	0.1 g
Carbohydrad	60 g	6 g
(cyfran sy'n siwgr)	60 g	6 g
Ffibr	1.5 g	0.15 g
Protein	1.0 g	0.1 g
Halen	1.0 g	0.1 g

Siytni nionod/winwns

Ffigur 10.8 Gwybodaeth faethol ar gyfer rhannau gwahanol o frechdan gaws

Tlodi bwyd yng Nghymru

- Mae bron un o bob pedwar o bobl sy'n byw yng Nghymru yn byw mewn tlodi, sy'n golygu eu bod yn cael llai na 60% o'r cyflog cyfartalog. Mae hynny'n cyfateb i tua 700,000 o bobl.
- Mae mwy o wybodaeth am strategaeth bwyd a maeth Cymru ym Mhennod 4: Cynllunio deietau cytbwys.

Labelu bwyd

O fis Rhagfyr 2014 ymlaen, yn ôl y gyfraith, rhaid i labeli bwyd gynnwys y wybodaeth ganlynol:

- **enw'r bwyd** – er enghraifft 'bara cyflawn' neu 'bastai'r bwthyn'
- dyddiad **'ar ei orau cyn'** neu ddyddiad **'defnyddio erbyn'** (gweler Pennod 7)
- **gwybodaeth am faint y bwyd** – rhaid i hyn fod mewn gramau, cilogramau, mililitrau neu litrau ar labeli bwyd wedi'i becynnu sydd dros 5 g neu 5 ml
- **rhestr o gynhwysion** (os oes mwy na dau) – rhaid eu rhestru yn nhrefn eu pwysau, gyda'r trymaf wedi'i restru gyntaf
- **alergenau** – os yw'r cynnyrch yn cynnwys unrhyw alergenau, rhaid nodi hynny'n glir ar y label a'u rhestru yn y cynhwysion; mae rhestr o alergenau ar gael y mae rhaid eu nodi os ydyn nhw'n cael eu defnyddio
- **enw a chyfeiriad y cynhyrchwr,** y paciwr neu'r gwerthwr – rhag ofn bydd problem gyda'r bwyd
- **rhif lot y bwyd** – sy'n ei gwneud yn bosibl olrhain y bwyd i'w ddyddiad cynhyrchu
- unrhyw **amodau storio** arbennig – e.e. *'i'w gadw yn yr oergell'*
- **cyfarwyddiadau coginio** os oes angen
- **o ba wlad y daw'r bwyd** – os yw'r cynnyrch a ganlyn wedi'i fewnforio o'r tu allan i'r UE: cig llo, cig eidion, pysgod, pysgod cregyn, mêl, olew olewydd, gwin, y rhan fwyaf o ffrwythau a llysiau, dofednod
- rhybudd os oes **cynhwysion wedi'u haddasu'n enynnol** yn y cynnyrch oni bai eu bod yn llai na 0.9% o'r cynnyrch terfynol
- rhybudd os yw'r cynnyrch wedi'i arbelydru (*irradiated*)
- y geiriau **'wedi'i becynnu mewn atmosffer amddiffynnol'** os yw'r bwyd wedi'i becynnu gan ddefnyddio nwy pecynnu – er enghraifft gallai fod mewn defnydd pecynnu mewn atmosffer wedi'i addasu (*modified atmosphere packaging*)
- unrhyw **rybuddion** angenrheidiol – mae rhestr o fwydydd wedi'u nodi yn neddfwriaeth y llywodraeth, sy'n dangos pa gynhwysion a chemegion y mae rhaid eu rhestru, a'r union eiriad y mae rhaid ei ddefnyddio ar gyfer pob cynhwysyn.

Ers mis Rhagfyr 2016, mae'r gyfraith yn datgan bod yn rhaid cynnwys gwybodaeth faethol orfodol ar labeli bwyd.

Gwybodaeth arall a allai fod ar y labeli

Gallai'r wybodaeth ganlynol fod ar label:-

- gwybodaeth am faeth:
  - egni fesul 100 g a fesul cyfran
  - **Cymeriant Maetholion Cyfeiriol** (*RNIs: Reference Nutritional Intakes*)
  - canran yr *RNI* sy'n cael ei ddefnyddio ar gyfer braster, braster dirlawn, siwgrau a halen
  - mae **symbolau goleuadau traffig** yn cael eu defnyddio i nodi a oes gan gynnyrch gynnwys uchel (coch), canolig (oren) neu isel (gwyrdd) o ran braster, braster dirlawn, siwgrau a halen. Hefyd, mae'r rhain yn dangos faint o faetholion sydd mewn cyfran o fwyd a diod, a'r ganran o'ch *RNI* y bydd cyfran o'r cynnyrch yn ei rhoi i chi

Atebion i'r cwestiynau Profi eich hun: **www.hoddereducation.co.uk/fynodiadauadolygu**

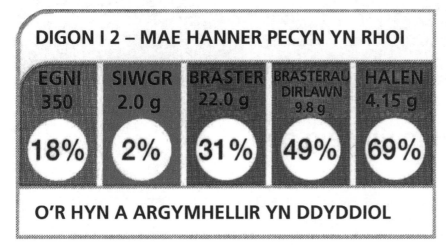

DIGON I 2 – MAE HANNER PECYN YN RHOI

EGNI 350	SIWGR 2.0 g	BRASTER 22.0 g	BRASTERAU DIRLAWN 9.8 g	HALEN 4.15 g
18%	2%	31%	49%	69%

O'R HYN A ARGYMHELLIR YN DDYDDIOL

Ffigur 10.9 Symbolau goleuadau traffig

- 'gallai gynnwys cnau' neu gynhwysion eraill a allai fod yn alergenau
- rhaid i honiadau maeth ac iechyd gael eu cymeradwyo ar sail cyfraith yr UE, er enghraifft:
  - dim siwgr (rhaid iddo gynnwys llai na 0.5 g o siwgr ym mhob 100 g o'r cynnyrch)
  - cynnwys braster isel (rhaid iddo gynnwys llai na 3 g o fraster am bob 100 g o'r cynnyrch)
  - cynnwys ffibr uchel (rhaid iddo gynnwys mwy na 6 g o ffibr am bob 100 g o'r cynnyrch)
- **rhifau E**, **gwrthocsidyddion** a **chyffeithyddion**
- cyflasau, sylweddau gwella blas, melysyddion, emwlsyddion a chyfryngau gelio
- termau marchnata fel 'pur, naturiol'
- labelu llysieuol a feganaidd
- 'wedi'i wneud o ffrwythau go iawn' neu 'yn cynnwys sudd ffrwythau go iawn'
- 'grawn cyflawn' neu 'wedi'i wneud gyda grawn cyflawn'
  - 'blawd gwenith' neu 'gwenith 100%' – mae angen i chi chwilio am flawd gwenith cyflawn
  - 'amlrawn' – mae hyn yn golygu bod nifer o fathau gwahanol o rawn, ddim grawn cyflawn o reidrwydd
  - 'grawn cyflawn' – darllenwch y cynhwysion gan osgoi geiriau fel 'wedi'i gannu neu ei gyfoethogi'; grawn cyflawn 100% yw'r gorau
- cymeradwyaeth gan bobl enwog, sef dull poblogiadd iawn o berswadio pobl i brynu cynnyrch
- cartwnau neu anrhegion am ddim i apelio at blant
- 'rysáit newydd' neu 'rysáit well'.

> **Cyngor**
>
> Gallai cwestiwn ofyn pam rydych chi'n meddwl y byddai cynhyrchwr yn rhoi gwybodaeth ychwanegol ar label bwyd er nad oes angen iddo, yn ôl y gyfraith, gynnwys y manylion hynny. Byddai angen i chi roi nifer o enghreifftiau o'r math yma o wybodaeth a dweud pam rydych chi'n meddwl eu bod wedi'u cynnwys. Y prif reswm yw perswadio pobl i brynu'r cynnyrch, ond gall hefyd roi gwybodaeth i'r cwsmeriaid sy'n caniatáu iddyn nhw ddewis yn rhesymegol a rhoi gwybodaeth am faeth.

Profi eich hun

PROFI

1 Rhestrwch bedwar darn o wybodaeth y mae rhaid eu cynnwys ar label bwyd yn ôl y gyfraith. [4 marc]
2 Pam rydych chi'n meddwl bod rhai cynhyrchwyr yn defnyddio cymeriadau cartŵn i hysbysebu bwyd i blant? Esboniwch pam rydych chi'n meddwl bod hynny'n syniad da neu'n syniad drwg. [5 marc]
3 Mae rhai'n awgrymu y dylid cynnwys gwybodaeth ar y label sy'n dangos sawl llwy de o siwgr sydd ym mhob cynnyrch. Ydych chi'n meddwl y byddai hyn yn helpu i atal gordewdra ymhlith plant ai peidio? Rhowch resymau pam rydych chi'n meddwl hyn. [4 marc]

Paratoi bwyd a thechnegau coginio

Cynllunio i goginio un saig neu nifer o seigiau

- Edrychwch ar y dasg a dewiswch saig neu seigiau addas. Er enghraifft, efallai eich bod chi'n cynllunio ac yn coginio ar gyfer fegan.
- Edrychwch ar faint o amser sydd gennych i baratoi a choginio'r saig neu'r seigiau. Gwnewch **gynllun amser** i sicrhau y gallwch chi orffen y gwaith a chlirio o fewn yr amser sydd gennych.
- Dangoswch y **pwyntiau iechyd a diogelwch** yn eich cynllun amser.
- Os ydych chi'n coginio nifer o seigiau, bydd angen i chi **gydamseru** (*dovetail*) eich seigiau, a'u cynllunio yn y drefn gywir. Felly byddwch chi'n dechrau gyda'r saig sy'n cymryd yr amser hiraf.
- Meddyliwch am **gost** y cynhwysion, a gofalwch fod y saig/seigiau'n fforddiadwy i'ch teulu.

Gwneud a choginio un saig neu nifer o seigiau

ADOLYGU

- Dilynwch y cynllun amser.
- Blaswch y saig neu'r seigiau wrth goginio ac ychwanegwch halen a phupur (sesno) os oes angen.
- Nodwch unrhyw gyfarwyddiadau ychwanegol, fel rhoi sglein ar y saig.
- Dilynwch unrhyw gyfarwyddiadau a fydd yn effeithio ar y canlyniad, fel rholio'r crwst yn drwch arbennig.
- Gofalwch eich bod yn coginio'r saig am yr amser sydd wedi'i nodi a chofiwch flasu neu brofi'r bwyd yn ystod y broses goginio i wneud yn siŵr ei fod wedi'i goginio a'i sesno'n iawn.
- Meddyliwch am y ffordd y byddwch chi'n cyflwyno'r saig. Ychwanegwch garnais i'w wneud mor ddeniadol â phosibl.

Gwerthuso'r saig

ADOLYGU

- Defnyddiwch **ddisgrifwyr synhwyraidd**.
- Gofynnwch i bobl eraill roi sylwadau ar eich saig. Dylech chithau roi sylwadau ar waith pobl eraill.
- Awgrymwch sut byddai'n bosibl gwella'r saig i wneud iddo flasu neu edrych yn well.

Cyngor

Gallai cwestiwn am hyn ofyn i chi roi nifer o ffactorau y mae angen i chi eu hystyried wrth ddewis saig ar gyfer tasg arbennig. Gofalwch eich bod yn rhestru pob pwynt ac yn esbonio pob pwynt. Er enghraifft, 'Nid yw fegan yn bwyta unrhyw fath o gynnyrch anifeiliaid, felly rhaid i mi sicrhau nad yw unrhyw sawsiau neu gynhwysion ychwanegol yn cynnwys cynnyrch anifeiliaid, fel gelatin neu wynnwy.'

Profi eich hun

PROFI

1 Esboniwch sut gall cynllun amser helpu i sicrhau canlyniad llwyddiannus. [4 marc]
2 Rhestrwch dri pheth i'w hystyried wrth ddewis seigiau ar gyfer tasg benodol. [3 marc]

Paratoi cynhwysion

Sgiliau cyllell

ADOLYGU

Defnyddio cyllyll gwahanol:
- cyllell lysiau – i baratoi ffrwythau a llysiau, gan ddefnyddio'r **daliad pont**
- cyllell cogydd – i baratoi ffrwythau a llysiau mwy gan ddefnyddio'r **daliad crafanc**
- cyllell ffiledu – i baratoi cig a physgod
- cyllell dorri – i dorri, sleisio, mân-dorri a deisio llysiau neu berlysiau, gan gynnwys eu torri yn y dull julienne, deisio a thorri batonau.

Ffigur 11.1 Y daliad pont

Ffigur 11.2 Y daliad crafanc

Paratoi ffrwythau a llysiau

ADOLYGU

Mae hyn yn cynnwys:
- stwnshio, mân-dorri, snipio â siswrn, sgwpio, malu, gratio, plicio a segmentu
- tynnu croen a hadau, blansio, siapio, peipio, blendio ffrwythau a llysiau a'u troi'n sudd
- paratoi garnais.

Wrth wneud y rhain i gyd, rhaid dangos y gallu i reoli brownio ensymaidd.

Paratoi, cyfuno a siapio

ADOLYGU

Mae hyn yn cynnwys:
- rholio, lapio, sgiweru, cymysgu, caenu a haenu cig a physgod a bwydydd eraill addas, e.e. gwneud fajitas
- siapio a beindio cymysgeddau gwlyb, fel cacennau pysgod a pheli cig.

Rhaid gwneud y rhain i gyd gan ddangos eich bod yn atal traws-halogiad, ac yn gallu trin a thrafod bwydydd risg uchel yn ddiogel.

Tyneru a marinadu

ADOLYGU

Mae hyn yn cynnwys:
- dangos sut mae asidau'n **dadnatureiddio** proteinau drwy ddefnyddio marinad, er enghraifft marinadu cig cyn ei roi ar y barbeciw
- dangos sut mae **marinadau** yn ychwanegu blas a lleithder wrth baratoi cig, pysgod, llysiau a bwydydd eraill addas.

Dewis proses goginio a'i haddasu

ADOLYGU

Mae hyn yn cynnwys:

- dewis ac addasu'r amser coginio yn ôl y cynhwysyn
- deall mai dim ond amcangyfrif yr amser coginio y bydd cyfarwyddiadau rysáit, a hynny ar sail maint neu gyfran benodol o gig, pysgodyn neu ffynhonnell arall o brotein
- felly, mae angen i chi allu addasu'r amser coginio i sicrhau bod y darn yn coginio digon ac nad yw'n llosgi
- yn ystod yr amser coginio, bydd angen i chi wneud yn siŵr bod y darn o gig wedi'i goginio, gan ddefnyddio thermomedr cig, neu drwy roi cyllell ynddo i weld a oes unrhyw waed yn diferu allan
- deall bod pysgod yn cymryd llawer llai o amser i goginio, felly bydd angen cadw llygad a rhoi fforc yn ysgafn yn y cnawd i weld a yw wedi'i goginio; dylai fod yn afloyw (*opaque*) ac yn haenu (*flake*) oddi ar y fforc.

Ffigur 11.3 Mae angen gwneud yn siŵr bod pysgod wedi'u coginio'n iawn

Pwyso a mesur

Bydd angen i chi allu pwyso a mesur cynhwysion sych a hylifau'n gywir.

Paratoi cynhwysion ac offer

I atal bwyd rhag glynu wrth duniau efallai bydd gofyn i chi iro, oelio, leinio neu wasgaru blawd dros duniau teisen neu hambyrddau pobi cyn eu defnyddio.

Defnyddio offer

Bydd nifer o ryseitiau'n gofyn i chi ddefnyddio peiriannau blendio, prosesu neu gymysgu, a ffwrn ficrodonnau fel rhan o'r broses o baratoi neu goginio'r saig.

Profi eich hun

PROFI

1 Esboniwch sut byddech chi'n torri nionyn/winwn yn fân. Disgrifiwch pa gyllell y byddech chi'n ei defnyddio, a sut byddech chi'n gafael yn y nionyn/winwn i osgoi damweiniau. [3 marc]
2 Pam mae'n bwysig paratoi tun teisen cyn ychwanegu cymysgedd teisen ffrwythau. Esboniwch sut byddech chi'n paratoi'r tun. [2 farc]

Cyngor

Mae cwestiynau am ddulliau paratoi'n debygol o gael eu cynnwys gyda thestunau eraill. Er enghraifft, gall cwestiwn ofyn i chi esbonio sut i dyneru darn gwydn o gig, felly gallech chi esbonio beth yw marinadu a sut mae'n gallu tyneru cig.

Coginio detholiad o ryseitiau

Coginio â dŵr ar yr hob

ADOLYGU

- **Stemio:** coginio bwydydd wedi'u paratoi gan ddefnyddio stêm (gwres llaith) o dan bwysedd amrywiol. Mae bwyd yn cael ei stemio o dan bwysedd uchel mewn sosban bwysedd (*pressure cooker*). Mae'n bosibl stemio bwyd dan bwysedd isel fel a ganlyn:
  - cysylltiad anuniongyrchol – gosod y bwyd mewn cynhwysydd â thyllau ynddo uwchben dŵr berw, fel bod stêm yn codi drwy'r tyllau ac yn coginio'r bwyd, er enghraifft stemio llysiau neu bysgod
  - cysylltiad uniongyrchol – rhoi cynhwysydd mewn dŵr berw, er enghraifft coginio pastai cig eidion.
- **Berwi a mudferwi:** rhoi bwyd mewn dŵr sy'n berwi neu'n mudferwi mewn sosban.

Ffigur 11.4 Stemiwr

Atebion i'r cwestiynau Profi eich hun: **www.hoddereducation.co.uk/fynodiadauadolygu**

- **Blansio:** blansio llysiau cyn eu rhewi a'u coginio'n rhannol er mwyn eu hailwresogi a'u gweini'n ddiweddarach.
- **Potsio:** coginio bwyd mewn hylif ar dymheredd o rhwng 60°C a 82°C, wyau neu bysgod fel arfer.

Defnyddio dulliau gwres sych a braster ar yr hob

ADOLYGU

- **Sych-ffrio:** rhoi cynhwysyn, fel briwgig neu gig moch, sy'n cynnwys braster, mewn padell ffrio sych. Bydd y braster yn y cig yn toddi ac yn coginio'r cig.
- **Ffrio mewn padell neu ffrio bas:** rhoi ychydig o fraster neu olew mewn padell ffrio, ei gynhesu cyn rhoi'r cig yn y braster poeth i'w goginio.
- **Tro-ffrio:** fel arfer, mewn wok y byddwch chi'n gwneud hyn, gan ddefnyddio ychydig iawn o olew. Rydych chi'n cynhesu'r wok i dymheredd uchel ac yn ychwanegu'r bwyd a'i goginio'n gyflym, gan ei fod wedi'i fân-dorri'n ddarnau tenau.
- **Ffrio dwfn:** mae'r bwyd yn cael ei drochi mewn braster poeth.

Grilio

ADOLYGU

- Gallwch chi ddefnyddio'r gril i goginio cigoedd, pysgod, llysiau, a ffynonellau amgen o brotein fel caws halloumi. Hefyd, gallwch chi dostio hadau a chnau o dan y gril.

Defnyddio'r ffwrn

ADOLYGU

- **Pobi:** cynnyrch toes, teisennau, bisgedi, bara, pysgod a bwydydd eraill sy'n seiliedig ar brotein.
- **Rhostio:** cig, pysgod a llysiau.
- **Caserols a tagines:** coginio'n araf mewn hylif.
- **Brwysio:** bydd cynnyrch, fel darn rhad o gig, yn cael ei ffrio i'w frownio fel arfer, yna'i roi mewn dysgl gaserol i'w stiwio'n araf yn y ffwrn.

Gwneud sawsiau

ADOLYGU

Wrth gynhesu sawsiau, maen nhw'n **gelatineiddio**, wrth i'r gronynnau startsh gynhesu a chwyddo. Pan fydd yr hylif yn berwi, maen nhw'n ffurfio matrics ac yn amsugno'r hylif gan dewychu'r saws. Bydd y saws yn tewychu mwy wrth i chi ychwanegu mwy o startsh.

Ffigur 11.5 Saws velouté

Mae angen i chi wybod am y mathau isod o sawsiau a sut i'w gwneud nhw:
- sawsiau gwyn wedi'u **blendio**, er enghraifft saws 'y cyfan mewn un' a saws roux
- sawsiau **trwythog** (*infused*) yn cynnwys roux, fel velouté a béchamel
- sawsiau wedi'u **lleihau**, er enghraifft saws pasta, cyri, grefi a saws cig
- sawsiau **emwlsiwn**, er enghraifft mayonnaise a Hollandaise.

Setio cymysgedd drwy dynnu gwres ohono (geliad)

ADOLYGU

- Ystyr **geliad** yw caledu drwy rewi neu oeri.
- Os yw cymysgedd yn oer neu wedi rhewi, bydd yn setio. Gallwch chi weld hyn yn digwydd mewn rysáit cacen gaws, neu mewn blancmange neu gwstard ar ben treiffl. Mae hufen iâ yn caledu wrth iddo rewi.

Setio cymysgedd drwy gynhesu (ceulo)

ADOLYGU

- Dyma sy'n digwydd pan fydd wyau'n **ceulo**, wrth i brotein **ddadnatureiddio**, wrth i'r gymysgedd gynhesu, er enghraifft byns choux neu lenwad quiche.

Defnyddio codyddion

ADOLYGU

Gallai'r rhain gynnwys:
- ymgorffori **aer**, a fydd yn ehangu wrth ei gynhesu ac yn cael ei ddal mewn cymysgedd wrth i'r glwten setio, fel mewn cymysgedd sbwng hufennog neu gymysgedd meringue wedi'i chwisgio
- defnyddio **codyddion cemegol**, fel blawd codi, powdr codi, soda pobi neu furum
- defnyddio **stêm** mewn cymysgedd, fel byns choux neu eclairs siocled.

Gwneud toes

ADOLYGU

Bydd gwneud toes, bara neu basta'n dangos y canlynol:
- **Breuo:** gallu braster i orchuddio'r gronynnau blawd, gan ffurfio haen wrth-ddŵr ac atal y glwten rhag ffurfio darnau hir. Felly gwead 'brau', briwsionllyd fydd gan y cynnyrch terfynol. Mae hyn yn digwydd wrth greu cymysgedd 'rhwbio i mewn' ar gyfer crwst brau neu deisen frau.
- **Glwten yn ffurfio:** bydd glwten yn y blawd yn cael ei ymestyn wrth dylino'r toes bara a bydd yn ffurfio llinynnau hir o brotein a fydd yn gweithredu fel adeiledd y bara. Mae hyn yn caledu wrth i'r bara goginio, ac yn dal yr aer i ffurfio'r cynnyrch terfynol.
- **Eplesiad:** pan fydd y burum mewn toes bara'n dechrau tyfu, gan fwydo ar y siwgr, ac yn rhyddhau carbon deuocsid gan achosi i'r bara godi.

Siapio toes

Bydd angen i chi wybod sut i:
- rolio crwst ar gyfer cynnyrch neu rysáit
- rholio a gwneud pasta ffres
- gwneud rholyn bara wedi'i siapio, torth o fara fflat
- gwneud pizza neu calzone
- creu haenau o grwst pwff a chreu cynnyrch terfynol fel palmiers
- ychwanegu sglein, fel wy wedi'i guro, i greu gorffeniad brown euraidd; gallai hyn fod yn gynnyrch crwst fel rholiau selsig
- peipio cynnyrch fel crwst choux pastry i wneud eclairs.

Ffigur 11.6 Paratoi palmiers

Prawf i weld a yw saig yn barod

ADOLYGU

- **Defnyddio prôb tymheredd:** gallwch chi wneud yn siŵr bod saig sy'n cynnwys cig eidion, cig oen, cyw iâr neu borc wedi cyrraedd tymheredd o 70 °C am ddau funud o leiaf i sicrhau bod unrhyw facteria niweidiol wedi'i ladd.
- **Defnyddio cyllell neu sgiwer:** gallwch chi wneud yn siŵr bod teisen wedi'i choginio drwy roi cyllell neu sgiwer ynddi a gweld a fydd yn dod allan yn lân, heb unrhyw gymysgedd yn glynu wrthi. Os rhowch chi gyllell neu sgiwer yn y rhan fwyaf trwchus o goes cyw iâr, a'r sudd yn dod allan yn glir heb unrhyw waed ynddo, mae'n golygu bod y cyw iâr wedi'i goginio. Bydd llysiau'n teimlo'n feddal pan fyddwch chi'n rhoi cyllell ynddyn nhw.

- **Defnyddio bys neu'r prawf 'procio':** bydd y dull hwn yn cael ei ddefnyddio'n aml wrth goginio teisen i weld a yw'r deisen yn codi'n ôl wrth ei chyffwrdd yn ysgafn. Mae hefyd yn cael ei ddefnyddio wrth dylino toes a bara i weld a yw'n elastig ac yn codi'n ôl.
- **Defnyddio prawf 'brathiad':** fel arfer mae'r dull hwn yn cael ei ddefnyddio wrth goginio pasta, i weld a yw wedi'i goginio'n iawn.
- **Edrych ar y lliw:** yn aml mae lliw cynnyrch yn dangos a yw wedi'i goginio. Bydd bisgedi, teisennau a chynnyrch crwst yn troi'n frown euraidd pan fyddan nhw wedi'u coginio.
- **Defnyddio prawf sŵn:** i weld a yw rholyn bara neu dorth wedi'u pobi, gan y byddwch chi'n clywed sŵn gwag wrth daro'r gwaelod.

Barnu a thrin priodweddau synhwyraidd

ADOLYGU

- Blasu a sesno yn ystod y broses goginio.
- Newid y blas a'r arogl drwy ddefnyddio trwythau (*infusions*), perlysiau a sbeisys, past, jus a lleihad.
- Newid gwead a blas drwy frownio (decstrineiddio) a sgleinio cynnyrch; ychwanegu crwstyn, creision a briwsion.

Cyflwyno detholiad o ryseitiau

Garnais

ADOLYGU

Eitem neu sylwedd sy'n addurno neu'n harddu saig, i roi lliw neu flas ychwanegol, yw **garnais**. Fel arfer rydych chi'n gallu bwyta garnais.
- Garnais ffrwythau:
  - blodyn ffrwyth citrws
  - blodyn mefus
  - ffan mefus.
- Garnais llysiau:
  - blodyn moron
  - cyrlen giwcymbr
  - rhosyn tatws
  - blodyn tomato ceirios
  - rhosyn tomato.

Ffigur 11.7 Blodyn ffrwyth citrws

Ffigur 11.8 Ffan mefus

Ffigur 11.9 Blodyn moron

Ffigur 11.10 Rhosyn tatws

Ffigur 11.11 Rhosyn tomato

Peipio

ADOLYGU

Gallwch chi beipio tatws wedi eu stwnshio ar seigiau, neu beipio hufen neu eisin ar deisennau.

Sgleinio

ADOLYGU

- Gallwch chi sgleinio seigiau cyn eu coginio i'w gwneud yn sgleiniog ac yn frown euraidd, neu ar ôl eu coginio, er enghraifft gyda menyn wedi toddi.
- Gallwch chi ddefnyddio jeli neu asbig i gaenu bwydydd sawrus i roi caen clir, sgleiniog drostyn nhw. Weithiau byddwn ni'n defnyddio jam bricyll i roi caen sgleiniog ar bwdinau a theisennau.

Profi eich hun

PROFI

1 Nodwch ddwy saig lle y byddech chi'n defnyddio cyllell i wneud yn siŵr eu bod wedi'u coginio. Esboniwch sut byddech chi'n gwybod bod y saig wedi'i choginio. [4 marc]
2 Pam mae'n bwysig rhoi garnais ar saig? Rhestrwch bedair ffordd o wella golwg saig ar ôl ei choginio. [6 marc]

Cyngor

Dydych chi ddim yn debygol o gael cwestiwn am ddulliau coginio, ond bydd angen i chi wybod sut i esbonio beth sy'n digwydd yn ystod y dulliau coginio uchod.

Gweithio'n ddiogel

Mae'n hanfodol atal traws-halogiad wrth baratoi bwyd, a chadw'ch hun yn ddiogel.

Hylendid personol

ADOLYGU

- **Clymwch wallt hir yn ôl:** mae hyn yn atal gwallt rhag syrthio i'r bwyd a'i halogi.
- **Golchwch eich dwylo:** bob amser cyn dechrau coginio, ar ôl trin a thrafod cig a physgod amrwd, ar ôl defnyddio'r toiled neu chwythu'ch trwyn neu disian ar eich dwylo. Mae rhagor o fanylion ym Mhennod 7 am beryglon traws-halogi bwyd drwy beidio â golchi'ch dwylo.
- **Tynnu gemwaith:** gall bacteria gasglu o dan fodrwyau ar fysedd. Dylech chi dynnu pob modrwy cyn coginio.
- **Gwisgo ffedog lân, amddiffynnol:** mae bacteria ar eich dillad. Mae angen i chi warchod y bwyd rhag y bacteria hyn.
- **Cadw eich ewinedd yn fyr ac yn lân, a gofalwch nad oes unrhyw farnais ar eich ewinedd:** gall bacteria gasglu o dan eich ewinedd; gall darnau o farnais ewinedd ddisgyn i mewn i fwyd, gan ei halogi.
- **Gorchuddiwch unrhyw friw neu gornwyd *(boils)* â phlastr glas:** gall y rhain gynnwys bacteria niweidiol. Mae plasteri glas yn cael eu defnyddio gan eu bod yn hawdd eu gweld os byddan nhw'n disgyn i'r bwyd.
- **Peidiwch â phesychu neu disian dros fwyd:** bydd hyn yn halogi'r bwyd â bacteria.
- **Peidiwch â choginio os dydych chi ddim yn teimlo'n dda, yn enwedig os oes gennych chi anhwylder ar eich stumog:** gallai'r bacteria sy'n achosi'r salwch gael ei drosglwyddo i'r bwyd a'i ledaenu i bobl eraill sy'n bwyta'r bwyd.

Storio bwydydd yn y lleoedd cywir

ADOLYGU

- Mae angen rhoi bwydydd wedi'u rhewi yn y rhewgell, a pheidio â gadael iddyn nhw ddadrewi.
- Mae angen rhoi bwydydd oer yn yr oergell, ar y silffoedd cywir.

Atebion i'r cwestiynau Profi eich hun: **www.hoddereducation.co.uk/fynodiadauadolygu**

- Mae angen cadw bwyd sych mewn cynwysyddion wedi'u selio, oddi ar y llawr yn y pantri neu yn y storfa.
- Mae angen cadw bwydydd tun ar silffoedd oddi ar y llawr.
- Defnyddiwch fwydydd yn nhrefn y dyddiad 'gwerthu erbyn'/'defnyddio erbyn'.

Defnyddio offer yn ofalus

Cyllyll

- Defnyddiwch y gyllell iawn a'i dal yn iawn wrth baratoi bwyd.
- Defnyddiwch gyllyll gwahanol ar gyfer bwydydd amrwd a bwydydd wedi'u coginio i osgoi traws-halogiad.
- Mae cyllyll heb fin yn fwy peryglus na chyllyll miniog, gan fod angen rhoi mwy o bwysau ar y rhain ac maen nhw'n gallu llithro a thorri.
- Peidiwch â rhoi cyllyll mewn powlen golchi llestri a'u gadael, gan y byddai'n hawdd i rywun arall roi ei ddwylo yn y dŵr a thorri'i hun.
- Gofalwch eich bod yn cadw carnau cyllyll yn lân heb unrhyw saim arnyn nhw fel nad ydyn nhw'n llithro wrth eu defnyddio.
- Peidiwch byth â cherdded o amgylch y gegin yn cario cyllell gyda'r llafn yn wynebu allan.
- Ar ôl golchi a sychu'r gyllell, rhowch hi yn ôl yn y lle iawn.

Ffigur 11.12 Mae'n bwysig defnyddio'r gyllell iawn wrth baratoi bwyd

Cyfarpar trydanol

- Gofalwch fod pob peiriant yn gweithio'n iawn, ac nad oes unrhyw geblau wedi rhaflo na phlygiau rhydd.
- Peidiwch â gafael mewn offer trydanol â dwylo gwlyb – gallech chi gael sioc drydanol.
- Peidiwch â rhoi ceblau trydanol mewn dŵr, dros ddŵr nac ar rannau gwlyb ar yr arwynebau gweithio.
- Dim ond un person ddylai defnyddio'r offer ar y tro.
- Peidiwch â rhoi'ch dwylo'n agos at rannau sy'n symud.
- Golchwch y llafn a'r curwr, sychwch nhw'n ofalus a rhowch nhw'n ôl ar yr offer.
- Rhowch yr offer ar arwyneb gweithio er mwyn iddo fod yn saff ac yn annhebygol o ddisgyn neu syrthio.
- Diffoddwch yr holl offer a thynnwch y plygiau allan o'r socedi pan na fyddwch chi'n eu defnyddio.

Ffwrn, hob ac offer poeth

- Defnyddiwch fenig neu gadach ffwrn, yn hytrach na lliain sychu llestri, rhag i chi losgi wrth roi bwyd yn y ffwrn a'i dynnu allan.
- Trowch handlenni padelli draw oddi wrth blatiau poeth eraill os ydyn nhw'n cael eu defnyddio, fel nad yw'r handlenni'n mynd yn boeth ac yn eich llosgi.
- Byddwch yn ofalus wrth symud padelli neu ddysglau poeth; gofynnwch i bobl symud o'r ffordd os ydych chi'n rhannu popty neu hob.
- Peidiwch byth â rhoi dysglau poeth yn syth ar arwyneb gweithio nac ar fwrdd torri; defnyddiwch hambwrdd oeri neu drybedd (trivet).
- Peidiwch â gadael drysau'r ffwrn ar agor na phlatiau poeth ymlaen pan na fyddwch chi'n eu defnyddio. Cadwch lygad ar y gril bob amser.
- Peidiwch â glanhau'r ffwrn na'r hob os ydyn nhw'n dal yn boeth.

Gorlifiadau

- Sychwch unrhyw hylif ar y llawr neu ar arwynebau gweithio ar unwaith, i atal pobl rhag llithro neu losgi gyda hylifau poeth.
- Defnyddiwch y cadachau llawr neu gadachau llestri priodol i atal traws-halogiad.

Offer glanhau

- Ceisiwch lanhau wrth fynd yn eich blaen fel nad oes pentwr o lestri budr ar eich arwyneb gweithio neu o amgylch y sinc.
- Sychwch arwynebau'n rheolaidd i atal halogiad.
- Defnyddiwch y cadachau a'r hylifau glanhau priodol ar gyfer pob rhan o'r gegin. Peidiwch â chymysgu hylifau glanhau.
- Gofalwch fod papur lapio bwyd a phlicion llysiau a ffrwythau wedi'u clirio a'u rhoi yn y biniau iawn cyn i chi ddechrau paratoi bwyd.
- Gofalwch fod caead ar eich biniau. Os oes rhaid i chi gyffwrdd â bin i dynnu'r caead, gofalwch eich bod yn golchi'ch dwylo cyn paratoi bwyd.

Cyngor

Bydd cwestiynau am hyn yn gofyn am nifer o bwyntiau am bwnc penodol, er enghraifft, gallai cwestiwn ofyn am bump o reolau hylendid. Cofiwch drafod hylendid personol; peidiwch â sôn am storio na pharatoi bwyd.

Profi eich hun

PROFI

1 Rhestrwch bedwar peth y mae rhaid eu cofio i wneud yn siŵr eich bod yn ddiogel wrth weithio gydag offer trydanol. [4 marc]
2 Esboniwch pam na ddylai rhywun sydd ag anhwylder ar y stumog weithio yn y gegin yn paratoi bwyd. [4 marc]

Defnyddio disgrifwyr synhwyraidd

Mae **disgrifwyr synhwyraidd** yn cael eu defnyddio i ddisgrifio blas, aroma, gwead a golwg eich saig derfynol.

Disgrifio blas ac arogl

ADOLYGU

- asidaidd
- ôl-flas
- egr
- chwerw
- di-flas
- wedi llosgi
- hufennog
- sych
- poeth
- brasterog
- metelig
- hen
- cryf
- hallt
- siarp
- gorfelys
- soeglyd
- sur
- sbeislyd
- sawrus
- siarp
- tanllyd

Disgrifio golwg

ADOLYGU

- blasus
- deniadol
- llawn swigod
- cellog
- clir
- cymylog
- garw
- lliwgar
- di-liw
- briwsionllyd
- sych
- brasterog
- fflat
- ewynnog
- ffres
- seimllyd
- gronynnog
- iach

Disgrifio gwead

ADOLYGU

- sbonciog
- brau
- llawn swigod
- cellog
- cnoadwy
- clos
- garw
- oer
- crensiog
- briwsionllyd
- creisionllyd
- crisialaidd
- sych
- elastig
- ffibrog
- caled
- byrlymog
- llac
- caenog
- ewynnog
- llawn sudd
- talpiog
- llaith
- slwtshlyd
- powdrog
- llysnafeddog
- llyfn
- meddal
- soeglyd
- sbwngaidd
- sbringlyd
- gludiog
- anhyblyg
- elastig
- llinynnog
- triagllyd
- gwlyb
- tyner
- trwchus
- tenau

12 Datblygu ryseitiau a phrydau bwyd

Dylanwad dewisiadau ffordd o fyw a dewisiadau defnyddwyr wrth addasu neu ddatblygu prydau o fwyd a ryseitiau

ADOLYGU

- **Credoau crefyddol:** mae gan rai crefyddau gyfyngiadau ar yr hyn y mae pobl yn cael ei fwyta, neu dim ond bwyd sydd wedi'i ladd mewn ffordd benodol y maen nhw'n cael ei ddefnyddio. Mae rhagor o wybodaeth am hyn ym Mhennod 4.

Ffigur 12.1 Siop cig halal

- **Dewis moesegol:** mae rhai pobl yn dewis peidio â bwyta bwydydd sy'n dod o anifeiliaid. Gweler Pennod 4 am fanylion.
- **Clefydau:** rhaid i bobl sy'n dioddef o rai clefydau fwyta deiet arbennig.
  - Diabetes Math 2 – mae'n bwysig bwyta deiet cytbwys, yn ogystal â bwyta prydau rheolaidd i gadw lefel y siwgr yn y gwaed yn gyson.
  - Clefyd cardiofasgwlar a chlefyd coronaidd y galon – bwyta deiet cytbwys ac iach yw'r ffordd orau o leihau colesterol neu gynnal colesterol isel, gan leihau'r risg o drawiad ar y galon neu strôc.
  - Clefyd coeliag – rhaid i'r rhai sydd â chlefyd coeliag osgoi unrhyw fwydydd sy'n cynnwys glwten, felly bydd defnyddio unrhyw gynnyrch arbennig heb glwten yn gwneud y bwyd yn addas.
- **Patrymau byw y teulu:** yn aml iawn, does gan rieni sy'n gweithio ddim llawer o amser i'w dreulio'n coginio prydau bwyd, ac maen nhw'n dibynnu ar fwydydd parod, wedi'u prosesu. Gallwch chi goginio llawer o fwyd ar y penwythnos, yna rhewi cyfrannau o fwyd i'w hailwresogi ar noson waith, a'u gweini gyda llysiau wedi'u coginio'n ffres. Neu gallwch chi ddefnyddio ryseitiau cyflym o lyfr coginio neu wefan. Hyd yn oed os nad ydyn nhw'n bwyta gyda'i gilydd yn aml, gall teuluoedd ddal ati i fwyta'n iach drwy rewi cyfrannau unigol o fwyd. Mae hyn yn golygu bod pawb yn gallu ailwresogi bwyd pan fo angen.
- **Cyllideb gyfyngedig:** mae sawl ffordd o arbed arian, a pharhau i fwyta deiet iach a chytbwys.
  - Chwilio am gynigion arbennig yn yr archfarchnad.

Cyngor

Gallai cwestiwn am y testun hwn ofyn i chi addasu rysáit benodol i'w gwneud yn addas ar gyfer grŵp targed penodol. Gwnewch yn siŵr eich bod chi'n esbonio'r addasiadau'n fanwl, ac yn nodi pam rydych chi'n gwneud yr addasiadau. Er enghraifft, pe baech chi'n newid cynhwysyn i wneud rysáit yn addas i fegan, gallech chi ysgrifennu: 'dydy fegan ddim yn bwyta cynnyrch anifeiliaid, felly yn lle caws Cheddar, rwy'n defnyddio 'caws' amgen llysieuol sydd ddim yn cynnwys llaeth na cheuled anifail, felly mae'n addas i fegan.'

○ Prynu cynnyrch o'r adran 'rhatach', lle mae bwydydd yn agosáu at eu dyddiad 'gwerthu erbyn' neu 'defnyddio erbyn'.

○ Prynu cynnyrch brand y siop ei hun yn hytrach na'r brandiau drutach.

○ Siopa mewn archfarchnadoedd rhatach fel Lidl ac Aldi, lle mae cynnyrch o safon uchel ar gael am brisiau llawer is.

○ Defnyddio ffrwythau neu lysiau tun neu wedi'u rhewi yn hytrach na rhai ffres.

○ Siopa mewn marchnadoedd yn hytrach nag archfarchnadoedd – fydd dim rhaid i chi brynu pecynnau mawr o gynhwysion.

○ Defnyddio bwyd sydd dros ben i wneud pryd arall.

Profi eich hun

PROFI

1 Awgrymwch dair ffordd o leihau cost rysáit ar gyfer lasagne cig eidion i deulu ar incwm isel. [3 marc]

2 Esboniwch pam na fyddech chi'n defnyddio cig gan gigydd arferol i wneud pryd o fwyd i Fwslim. [2 farc]

3 Trafodwch sut gallai teulu ar gyllideb isel barhau i fwyta deiet iach a chytbwys. [6 marc]

Addasu ryseitiau er mwyn cydymffurfio â chyngor deietegol cyfredol

ADOLYGU

Ar hyn o bryd, mae cyngor gan y llywodraeth yn cynnwys defnyddio'r **Canllaw Bwyta'n Dda** wrth gynllunio prydau bwyd. Mae rhagor o wybodaeth am y Canllaw Bwyta'n Dda a'r wyth rheol ar gyfer bwyta'n iach ar gael ym Mhennod 4.

Ffigur 12.2 Dylai eich prydau bwyd fod yn seiliedig ar fwydydd startsh

> ### Cyngor
>
> Gallai cwestiwn am y cyngor cyfredol gan y llywodraeth ofyn i chi esbonio'r Canllaw Bwyta'n Dda, ac esbonio pam mae'r segmentau o faint gwahanol. Byddai angen i chi esbonio pam mae'n argymell y dylai un rhan o dair o'r plât gynnwys ffrwythau a llysiau, ac un rhan arall o dair gynnwys bwydydd startsh. Cofiwch drafod y maetholion sydd mewn ffrwythau a llysiau, a phwysigrwydd bwyta bwydydd startsh sy'n rhyddhau egni'n araf drwy gydol y dydd. Soniwch hefyd am y segmentau llai sydd ar y plât, fel bwydydd protein, gan gynnwys ffa a ffacbys ar gyfer pobl sydd ddim yn bwyta cig.

Hefyd, mae **Cymeriant Dyddiol Argymelledig** (*RDI: Recommended Daily Intake*) ar gyfer yr holl facrofaetholion a microfaetholion. Gallwch chi ddarllen rhagor am *RDI* ym Mhennod 4.

Yma yng Nghymru, mae'r llywodraeth yn cynnig cyngor ychwanegol hefyd, gan gynnwys:

● Newid am Oes Cymru. Ei nod yw ceisio helpu pobl i newid eu ffordd o fyw yn raddol i wella eu hiechyd a'u lles.

● Bwyd i Gymru, Bwyd o Gymru 2010–2020: Strategaeth Fwyd i Gymru.

Profi eich hun

PROFI

1 Rhestrwch bedair o'r wyth rheol y mae'r llywodraeth yn eu hargymell ar gyfer bwyta'n iach, gan esbonio pwysigrwydd pob un. [4 marc]

2 Trafodwch pam mai rhannau glas a phorffor y Canllaw Bwyta'n Dda yw'r rhai lleiaf. [4 marc]

3 Gan ddefnyddio'r Canllaw Bwyta'n Dda, cynlluniwch bryd o fwyd a fyddai'n dangos y cyfrannau cywir o faetholion sy'n cael eu hargymell. Esboniwch ble mae pob maetholyn yn eich pryd bwyd. [6 marc]

Ystyried anghenion maeth a dewisiadau bwyd wrth ddewis ryseitiau

- Wrth ddewis ryseitiau i bobl ag **anoddefedd** neu **alergedd**, edrychwch yn ofalus ar y cynhwysion, ac addasu unrhyw gynhwysyn a allai fod yn beryglus neu achosi salwch neu anghysur. Holwch y bobl rydych chi'n coginio ar eu cyfer cyn dechrau cynllunio'r pryd bwyd, gan ofyn a oes ganddyn nhw unrhyw alergedd neu anoddefedd.
  - **Alergedd i gnau:** gall beryglu bywyd rhywun. Gall alergedd achosi adwaith ysgafn neu sioc anaffylactig a allai eich lladd.
  - Mae **anoddefedd lactos** yn gwneud i bobl deimlo'n anghyfforddus, ac mae llawer o ddewisiadau heb lactos ar gael.
  - Gall rhai pobl fod ag alergedd i **wyau** neu **bysgod cregyn**.
  - Mae'r llywodraeth wedi cyhoeddi rhestr o alergenau y mae'n rhaid eu cynnwys ar labeli cynnyrch bwyd.
  - **Dewisiadau ffordd o fyw:** bydd rhaid addasu ryseitiau ar gyfer llysieuwyr a feganiaid.
- **Prosesau a dulliau coginio:**
  - Cadw maeth mewn bwyd: dylech chi wirio sut mae rhai dulliau coginio yn difetha rhai maetholion. Gweler Pennod 6 am ragor o fanylion.
  - Efallai y byddwch chi'n coginio ar gyfer pobl oedrannus hefyd, sy'n cael trafferth cnoi, felly bydd eich dewis o ddull coginio, neu fwyd meddal, yn bwysig iawn.
- Bydd angen i chi ystyried **rheoli cyfrannau** plant ifanc neu rywun sy'n ceisio colli pwysau.
- Bydd ar rywun sydd ag **anghenion egni uchel**, fel athletwr neu fabolgampwr, angen mathau penodol o bryd bwyd sy'n rhoi digon o egni iddo.

Ffigur 12.3 Pryd sy'n addas i berson sy'n ei chael hi'n anodd torri bwyd

Cyngor

Gallai cwestiwn am yr adran hon ofyn i chi awgrymu sut byddech chi'n addasu rysáit ar gyfer person oedrannus sy'n cael trafferth torri bwyd oherwydd arthritis, ac sy'n cael trafferth cnoi.

Byddai'n rhaid i chi awgrymu pryd sy'n cynnwys bwyd meddal sy'n hawdd ei dorri a'i gnoi, er enghraifft darn o bysgodyn wedi'i botsio gyda thatws stwnsh a bresych wedi'i dorri a'i stemio. Meddyliwch am y maeth sydd yn y pryd, y dulliau coginio a fydd yn cadw'r maetholion yn y bwyd, yn ogystal â sut mae'r bwyd yn edrych, er mwyn cael pryd bwyd deniadol, blasus a lliwgar a fydd yn annog y person oedrannus i fwyta.

Profi eich hun

1 Esboniwch pam mae'n bwysig gwirio cynhwysion rysáit yn ofalus os ydych chi'n paratoi bwyd i rywun sydd ag alergedd i gnau. [2 farc]
2 Rhowch ddwy ffordd o goginio brocoli sy'n cadw'r cynnwys fitamin C. [2 farc]
3 Awgrymwch dair ffordd o gynyddu faint o egni y mae deiet athletwr yn ei roi iddo. [3 marc]

Adolygu a gwella ryseitiau

- Gwerthuswch y bwyd rydych chi'n ei goginio gan ddefnyddio disgrifyddion synhwyraidd. Fel hyn, byddwch chi'n gallu awgrymu sut i wella saig neu bryd bwyd pe baech chi'n ei goginio eto.
- Defnyddiwch brofion blasu i gael barn pobl eraill. Gallai hyn eich helpu chi i addasu a gwella ryseitiau.
- Edrychwch ar rysáit o'ch dewis, ac yn ystod y broses gynllunio, cyn i chi fynd ati i'w choginio, nodwch sut gallech chi ei newid neu ei gwella. Meddyliwch am y canlynol:
  - Ydych chi'n defnyddio cynhwysion priodol? Os yw'r saig neu'r pryd bwyd ar gyfer person o oedran arbennig, neu berson â chyflwr deietegol, clefyd neu anoddefedd penodol, ydych chi wedi gwneud yn siŵr bod yr holl gynhwysion yn addas i'r person hwnnw? Os na, pa newidiadau y mae angen i chi eu gwneud?
  - Ydych chi'n defnyddio'r broses a'r dull coginio cywir? A fyddwch chi'n colli maetholion wrth baratoi a choginio'r bwyd? A fydd y bwyd yn newid ei liw wrth aros i gael ei goginio? A fydd y bwyd yn cael ei goginio mewn pryd? A yw'n bosibl ei ailwresogi'n ddiogel? A fydd yn edrych yn ddeniadol?
  - A yw maint y cyfrannau'n gywir? I bwy rydych chi'n coginio'r bwyd? Ydych chi wedi cyfrifo'r cynnwys egni, os yw'r bwyd yn rhan o ddeiet isel mewn caloriau neu ddeiet egni uchel?

Rheoli amser a chost ryseitiau

- Gwnewch **gynllun amser** cyn dechrau coginio, i weld a allwch chi goginio'r saig neu'r seigiau rydych chi wedi'u dewis yn yr amser sydd ar gael i chi. Bydd angen i chi **gydamseru** y seigiau i ddangos eich bod chi'n defnyddio'r amser yn effeithiol ac yn effeithlon.
- Meddyliwch am **gost y cynhwysion**. Mae cost ryseitiau yn bwysig hefyd, yn enwedig os yw'r briff yn gofyn am bryd rhad, ond hefyd i sicrhau nad yw eich teulu chi'n gwario gormod o arian ar gynhwysion. Mae'n bosibl dewis cynhwysion rhatach drwy ddewis darnau rhatach o bysgod neu gig, nwyddau brand yr archfarchnad ei hun neu ffrwythau a llysiau di-siâp.

Defnyddio sgiliau profi a gwerthuso synhwyraidd

- Gwirio a yw'r bwyd wedi'i goginio. Gallwch chi ddefnyddio prôb tymheredd, cyllell neu sgiwer, eich bys neu'r prawf 'procio', y prawf 'brathiad', neu wirio lliw neu sŵn.
- Blasu eich bwyd i wneud yn siŵr eich bod chi wedi rhoi digon o sesnin yn ystod y broses goginio. Addaswch y sesnin i gynhyrchu'r canlyniad mwyaf blasus.
- Addasu amseroedd coginio. Er enghraifft, os byddwch chi'n newid maint cyfrannau'r rysáit i wneud digon i ddau yn lle pedwar, efallai y bydd angen i chi leihau'r amser coginio, yn ogystal â haneru'r cynhwysion.

Atebion i'r cwestiynau Profi eich hun: **www.hoddereducation.co.uk/fynodiadauadolygu**

- Ychwanegu mwy o liw neu wead at saig. Gallwch chi wneud hyn drwy ychwanegu cyfwydydd lliwgar neu garnais syml.
- Cyflwyno eich bwyd mewn ffordd ddeniadol, gan ddefnyddio garnais yn y ffordd sy'n edrych orau.

Ffigur 12.4 Gwneud yn siŵr bod bwyd wedi'i goginio

Profi eich hun

PROFI

1 Awgrymwch dri rheswm pam mae'n syniad da cynnal prawf blasu gyda nifer o bobl, er mwyn cael gwybod a oes angen addasu rysáit rydych chi wedi'i threialu. [3 marc]
2 Pam byddai angen i chi amcangyfrif cost y cynhwysion ar gyfer saig benodol? [2 farc]
3 Nodwch dair ffordd y gallwch chi wirio bod bwyd wedi'i goginio. [3 marc]

Esbonio, cyfiawnhau a chyflwyno syniadau ynglŷn â ryseitiau a dulliau coginio a ddewiswyd

ADOLYGU

Mae angen i chi allu awgrymu cynhwysion, prosesau a dulliau coginio gwahanol, cyfrifo maint cyfrannau, a gallu esbonio a chyfiawnhau'r newidiadau hyn. Wrth gyfiawnhau ac esbonio, dylech chi gyfeirio at y pwyntiau isod.

- **Unrhyw resymau gwyddonol am y newid:** drwy ddefnyddio eich gwybodaeth wyddonol am swyddogaethau cynhwysion, fel ceulo, gelatineiddio neu ddecstrineiddio, gallwch chi esbonio pam rydych chi wedi newid y cynhwysion.
- **Unrhyw resymau deietegol am y newid:** os ydych chi wedi newid cynhwysyn i addasu'r saig ar gyfer person sydd ag anoddefedd lactos, sy'n llysieuwr neu sy'n fegan, neu sydd â chlefyd deietegol, bydd angen i chi esbonio beth yw'r cynhwysyn newydd, a'r rheswm dros ei ddefnyddio.
- **Unrhyw brofion blasu neu sesiynau ymarfer rydych chi wedi'u cynnal:** cyfeiriwch at y canlyniadau, gan esbonio sut maen nhw wedi rhoi'r wybodaeth berthnasol i chi addasu eich saig o ddewis. Os ydych chi wedi ymarfer eich saig, ac wedi'i haddasu oherwydd i'r rysáit wreiddiol fethu, esboniwch yr addasiadau hyn a'r rhesymau drostyn nhw.

- **Unrhyw newidiadau oherwydd amser neu gost:** rhestrwch y newidiadau a rhoi'r rhesymau dros bob un.
- **Unrhyw gynhwysion, sesnin, lliw neu wead ychwanegol:** mae angen cynnwys gwybodaeth sy'n esbonio pam rydych chi'n gwneud y newidiadau neu'r addasiadau hyn.

Penderfynu pa dechnegau sy'n briodol eu defnyddio wrth baratoi a choginio

ADOLYGU

- Eich dealltwriaeth o **faeth**:
  - ○ Dangoswch eich bod chi'n gwybod ac yn deall y mathau gwahanol o facrofaetholion a microfaetholion, eu rolau a'u swyddogaethau. Esboniwch sut mae'r maetholion hyn yn gweithio yn ein cyrff, a beth fydd yn digwydd os na fyddwn ni'n bwyta digon o'r rhain, neu'n bwyta gormod ohonyn nhw.
  - ○ Edrychwch ar ofynion egni gwahanol unigolion, gan gynllunio deiet cytbwys a chyfrifo faint o egni a maeth sydd mewn seigiau a phrydau o fwyd.
  - ○ Ystyriwch sut mae gwres yn effeithio ar faetholion gwahanol. Mae angen i chi ddangos eich bod chi'n gallu defnyddio'r holl wybodaeth hon wrth benderfynu sut i goginio a pharatoi eich cynhwysion ar gyfer eich sesiynau ymarfer. Os ydych chi'n ceisio cadw maetholion yn y bwyd, nodwch pa ddull coginio fydd yn gwneud hyn.
- Eich dealltwriaeth o **fwyd**:
  - ○ Edrychwch ar wyddor bwyd, beth sy'n digwydd wrth ei goginio a sut mae priodweddau maetholion gwahanol yn cael eu defnyddio i greu'r seigiau rydyn ni'n eu coginio. Mae angen i chi ddangos y gallwch chi addasu'r technegau neu'r math o gynhwysion i fodloni'r briff neu i goginio'r rysáit.
- Eich dealltwriaeth o **draddodiadau coginio** gwahanol:
  - ○ Mae angen i chi allu addasu rysáit neu gynhwysyn ar gyfer crefydd neu ddiwylliant gwahanol sydd â set o reolau sy'n ymwneud â'r bwyd y gall pobl ei fwyta.
- Eich dealltwriaeth o **baratoi a choginio bwyd**:
  - ○ Byddwch chi wedi rhoi cynnig ar nifer o ryseitiau a thechnegau wrth wneud bwyd. Bob tro, dylai eich gwerthusiad gynnwys beth wnaeth lwyddo, beth weithiodd i chi, a beth yr oedd angen ei wella. Defnyddiwch y wybodaeth hon i ddewis a chyfiawnhau ryseitiau a seigiau priodol.

Cyngor

Gallai cwestiwn am yr adran hon ofyn i chi roi enghreifftiau gwyddonol o'r adegau y byddai angen addasu cynhwysion mewn rysáit. Er enghraifft, gallech chi ychwanegu cynhwysyn arall er mwyn i saig benodol setio neu geulo'n well. Yn yr achos hwn, gallech chi ateb: 'Nid oedd y quiche wedi setio wrth ei dynnu allan o'r ffwrn yn ystod fy sesiwn ymarfer. Gan fy mod yn defnyddio llaeth sgim, sy'n cynnwys llawer o ddŵr, penderfynais y byddai angen ychwanegu wy arall y tro nesaf y byddwn yn coginio'r saig. Bwyd protein yw wyau, ac wrth i wyau ddadnatureiddio yn ystod y broses goginio, mae ffurf yr wy yn newid, wrth i'r DNA ddatod a chreu adeiledd newydd, gan geulo a setio. Drwy ychwanegu wy, bydd y quiche yn coginio'n well a bydd y llenwad, gobeithio, yn setio'n iawn'.

Profi eich hun

PROFI

1 Rhowch ddwy enghraifft o sefyllfa lle byddai angen i chi, o bosibl, addasu gwerth maethol rysáit, ac esboniwch sut byddech chi'n gwneud hyn ym mhob un o'r enghreifftiau rydych chi wedi'u dewis. [4 marc]
2 Esboniwch pam mae sgleinio cynnyrch yn gwella sut mae'n edrych. [2 farc]
3 Awgrymwch ddwy ffordd y gallech chi gynyddu cynnwys ffibr saig. [2 farc]

Llwyddo yn yr arholiad

Y papur arholiad

Mae'r arholiad terfynol werth **40%** o'ch marc terfynol.

Bydd cwestiynau am bopeth rydych chi wedi'i ddysgu yn ystod y cwrs.
Dyma'r testunau:
- Nwyddau bwyd
- Egwyddorion maeth
- Deiet ac iechyd da
- Gwyddor bwyd
- O ble daw bwyd
- Coginio a pharatoi bwyd.

Bydd eich atebion yn cael eu hasesu yn unol â'r amcanion asesu (AA).

	Amcan asesu (AA)	Pwysoliad ar gyfer yr arholiad ysgrifenedig
AA1	Dangos gwybodaeth a dealltwriaeth o faeth, coginio a pharatoi bwyd.	15%
AA2	Cymhwyso gwybodaeth a dealltwriaeth o faeth, coginio a pharatoi bwyd.	15%
AA3*	Cynllunio, paratoi, coginio a chyflwyno seigiau, gan gyfuno technegau priodol.	0%
AA4	Dadansoddi a gwerthuso agweddau gwahanol ar faeth, coginio a pharatoi bwyd, gan gynnwys bwyd rydych chi a phobl eraill wedi'i wneud.	10%
*Fydd AA3 ddim yn cael ei asesu yn yr arholiad ysgrifenedig, dim ond AA1, AA2 ac AA4.		

Cyngor

Pan gewch chi ganiatâd i agor y papur arholiad:
- Darllenwch y cyfarwyddiadau ar flaen y papur cwestiynau.
- Defnyddiwch bin ysgrifennu â'r lliw inc cywir.
- Darllenwch y papur o'r dechrau i'r diwedd, a dechreuwch gyda chwestiwn rydych chi'n gwybod yr ateb iddo.
- Gwnewch yn siŵr eich bod chi'n darllen pob cwestiwn yn ofalus (ddwywaith), fel eich bod chi'n deall yn union beth mae'r cwestiwn yn ei ofyn i chi.
- Tanlinellwch neu amlygwch y geiriau allweddol.
- Edrychwch ar nifer y marciau sydd ar gael i weld faint o atebion neu bwyntiau rhaid i chi eu rhoi.
- Rhowch gynnig ar bob cwestiwn. Mae'n bosibl y cewch chi ambell farc ychwanegol.
- Mae angen i chi ddeall y geiriau allweddol yn y cwestiwn, oherwydd bydd y ffordd y byddwch chi'n strwythuro eich ateb yn dibynnu ar y geiriau hynny.

Gair allweddol	Sut i ateb y cwestiwn
Nodwch/awgrymwch/ rhowch reswm dros	Gwneud rhestr; ysgrifennu ateb byr; dewis geiriau o ddiagram neu dabl i lenwi bylchau mewn brawddeg.
Disgrifiwch	Esbonio'n fanwl sut a pham mae rhywbeth yn digwydd.
Esboniwch	Egluro pwnc neu bwynt drwy ysgrifennu ei ystyr, ac yna dangos eich bod chi'n ei ddeall drwy roi rhesymau.
Dadansoddwch	Rhannu testun yn rhannau unigol ac edrych ar bob rhan yn fanwl, gan ddefnyddio tystiolaeth ac esboniadau i ddangos eich dealltwriaeth.
Gwerthuswch	Penderfynwch pa mor llwyddiannus neu aflwyddiannus y mae rhywbeth, gan ddweud pam ei fod yn bwysig. Dylech chi gynnwys tystiolaeth ar gyfer eich ateb, a dod i gasgliad terfynol.
Trafodwch	Ysgrifennu am yr holl dystiolaeth o blaid ac yn erbyn testun, neu nodi manteision ac anfanteision testun, a defnyddio tystiolaeth i ddod i gasgliad.

Cynlluniwch eich atebion cyn dechrau ysgrifennu drwy greu diagram corryn i wneud yn siŵr na fyddwch chi'n anghofio unrhyw bwyntiau pwysig.

Dyma enghraifft o ddiagram corryn ar gyfer cwestiwn sy'n gofyn i chi nodi ac esbonio pa brif ffactorau sy'n effeithio ar ddiogeledd bwyd:

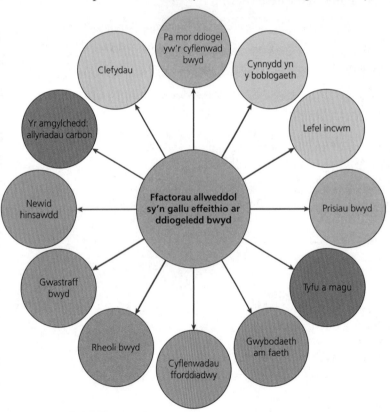

Mathau o gwestiynau

Bydd y papur yn cynnwys amrywiaeth o gwestiynau.

Cwestiynau ymateb i ddata

- Bydd y cwestiynau hyn yn rhoi gwybodaeth i chi ar ffurf tabl, graff neu siart cylch ac yn gofyn i chi ateb cwestiynau am y wybodaeth hon.
- Yn eich ateb, cyfeiriwch at y data ac esbonio sut rydych chi wedi'i ddefnyddio.
- Dylech chi hefyd ddefnyddio'r hyn rydych chi'n ei wybod yn barod i ateb cwestiynau.
- Yn y math hwn o gwestiwn, bydd un marc fel arfer ar gael am bob darn o wybodaeth y byddwch chi'n ei roi sy'n dod o'r data, ac un marc am y wybodaeth sydd gennych chi'n barod.

Atebion i'r cwestiynau Profi eich hun: **www.hoddereducation.co.uk/fynodiadauadolygu**

Er enghraifft, mae'n bosibl y cewch chi dabl yn dangos faint o bobl ifanc yn eu harddegau sy'n bwyta bwyd cyflym pob dydd. Cyfanswm y marciau sydd ar gael yw 2. Byddech chi'n ateb y rhan o'r cwestiwn sy'n ymwneud â'r data. Gallai'r rhan nesaf o'r cwestiwn ofyn pam nad yw'n syniad da bwyta bwyd cyflym mor aml. Byddech chi'n defnyddio eich gwybodaeth eich hun i ateb y rhan hon. Byddech chi'n cael un marc am nodi'n gywir faint o bobl ifanc yn eu harddegau sy'n bwyta bwyd cyflym pob dydd, ac un marc am wybod pam nad yw'n syniad da bwyta bwyd cyflym pob dydd.

Cwestiynau strwythuredig

Fel arfer, mae'r cwestiynau hyn yn cyflwyno darn o wybodaeth, ac yn gofyn cwestiynau i chi amdano. Er enghraifft, mae'n bosibl y bydd rysáit yn cael ei rhoi i chi, a bydd y cwestiwn yn gofyn i chi nodi'r cynhwysion sydd ddim yn addas i fegan, gan awgrymu cynhwysion eraill y gallech chi eu defnyddio yn lle, gan esbonio pam rydych chi wedi dewis y cynhwysion hynny.

- Gwnewch yn siŵr eich bod chi'n defnyddio'r hyn rydych chi'n ei wybod yn barod, ac yn ysgrifennu'n glir, gan roi rhesymau ffeithiol dros eich ateb a'ch safbwynt.
- Cofiwch gynnwys cymaint o wybodaeth â phosibl.
- Gallwch chi ddefnyddio'r dalennau ateb ychwanegol yng nghefn y papur arholiad, neu ofyn am bapur ychwanegol os nad oes digon o le i'ch ateb. Os ydych chi'n gwneud hyn, cofiwch nodi rhif y cwestiwn, ac ysgrifennu 'yn parhau ar gefn y papur' neu 'yn parhau ar ddalen ateb ychwanegol', ar waelod yr ateb gwreiddiol.

Cwestiynau ymateb rhydd

Mae'r rhain yn gofyn i chi ysgrifennu'n fanylach am destun penodol, gan gynnwys eich gwybodaeth eich hun, a darparu ffeithiau, enghreifftiau a barn. Byddwch chi'n ysgrifennu eich ateb yn eich ffordd eich hun.

Bydd y cwestiynau hyn yn dechrau gydag un o'r geiriau o'r tabl geiriau allweddol ar y dudalen flaenorol:

- Disgrifiwch
- Esboniwch
- Dadansoddwch
- Gwerthuswch
- Trafodwch.

Gwnewch yn siŵr eich bod chi'n deall beth mae'r cwestiwn yn gofyn i chi ei wneud. Edrychwch ar nifer y marciau sydd ar gael.

- Mae angen cynllunio eich ateb i'r math hwn o gwestiwn.
- Dylech chi gyfeirio'n ôl at y cynllun yn aml i wneud yn siŵr na fyddwch chi'n anghofio cynnwys unrhyw un o'r pwyntiau rydych chi wedi'u nodi.
- Defnyddiwch derminoleg wyddonol lle bo'n berthnasol, i ennill mwy o farciau.
- Rhowch gynnig ar y cwestiynau hyn bob tro.

Bydd y math hwn o gwestiwn yn cael ei farcio gan ddefnyddio'r bandiau AA gwahanol (gweler tudalen 115), felly mae'n bosibl y bydd yn rhaid i chi ddangos AA1, gwybodaeth a dealltwriaeth o faeth, ac AA2, cymhwyso gwybodaeth a dealltwriaeth o faeth, i ennill y marciau llawn.

Gallwch chi ddefnyddio'r dalennau ateb ychwanegol sydd yng nghefn y papur arholiad, neu ofyn am bapur ychwanegol os nad oes digon o le i'ch ateb. Os ydych chi'n gwneud hyn, cofiwch nodi rhif y cwestiwn, ac ysgrifennu 'yn parhau ar gefn y papur' neu 'yn parhau ar ddalen ateb ychwanegol', ar waelod yr ateb gwreiddiol.

Cofiwch edrych dros eich holl atebion ar ôl eu hysgrifennu. Os oes gennych chi amser dros ben ar ôl gorffen y papur, darllenwch drwy'r atebion, gan ychwanegu unrhyw wybodaeth a fyddai'n gwella eich ateb.

Mae'r adran hon yn cynnwys rhai enghreifftiau o gwestiynau arholiad, y cynlluniau marcio sy'n cyd-fynd â'r cwestiynau a dau ateb enghreifftiol – bydd un ateb yn ennill marciau uchel, ac un yn ennill marciau isel.

Cwestiwn Un

Edrychwch ar y labeli canlynol sy'n rhestru cynhwysion torth o fara gwyn a thorth o fara hadau. Atebwch y cwestiynau isod.

Bara gwyn Blawd Gwenith wedi'i Atgyfnerthu (Blawd **Gwenith**,Calsiwm Carbonad, Haearn, Niacin, Thiamin), Dŵr, Burum, Glwten **Gwenith**, Ffibr **Gwenith** (2%), Blawd Gwenith wedi'i Eplesu, Halen, Blawd **Soia**, Finegr Gwirod, Olew Had Rêp, Emwlsydd: Asidau Brasterog Monoglyseridau a Diglyseridau Esterau Asid Tartarig Diacetyl, Olew Palmwydd, Cyfrwng Trin Blawd: Asid Asgorbig.

Bara hadau Blawd Gwenith Cyflawn, Dŵr, Hadau Blodyn yr Haul (6%), Had Llin Brown (4%), Miled (3%), Glwten Gwenith, Burum, Hadau Pabi (2%), Siwgr, Olew Had Rêp, Halen, Blawd Soia, Blawd Gwenith wedi'i Eplesu, Blawd Gwenith a Brag a Blawd Barlys a Brag, Finegr Gwirod, Blawd Rhyg, Olew Palmwydd, Cyfrwng Trin Blawd: Asid Asgorbig.

---

1 (a) Nodwch ddau o gynhwysion y bara gwyn, sydd ddim ar restr cynhwysion y bara hadau. [2 farc]

(b) Esboniwch pam mae'r bara gwyn yn cynnwys blawd gwenith wedi'i atgyfnerthu. [2 farc]

Enghraifft

Ateb marciau uchel

1 (b) Pan fydd gwenith yn cael ei brosesu i wneud blawd gwyn, bydd yr haen allanol, neu'r bran, yn cael ei dynnu o'r gwenith. Mae hyn yn golygu bod llawer o'r maetholion llesol yn cael eu colli, felly bydd y maetholion hyn yn cael eu hychwanegu at y blawd gwyn ar ôl ei brosesu, a bydd yn cael ei atgyfnerthu â'r cynhwysion hyn i wneud yn siŵr bod pobl sy'n dewis bwyta bara gwyn yn hytrach na bara cyflawn yn dal i gael y maetholion cywir.

Sylwadau

Byddai'r ateb hwn yn ennill marciau llawn, am fod y myfyriwr wedi esbonio beth sy'n digwydd wrth brosesu'r gwenith i wneud blawd gwyn, ac wedi esbonio beth yw ystyr atgyfnerthu.

Enghraifft

Ateb marciau isel

1 (b) Ystyr atgyfnerthu yw ychwanegu cynhwysion at y cynnyrch i wneud y bwyd yn fwy maethlon.

Sylwadau

Yn yr achos hwn, dydy'r myfyriwr ddim wedi ateb y cwestiwn, sy'n gofyn pam mae'r bara gwyn wedi'i atgyfnerthu, nid beth yw ystyr 'atgyfnerthu'.

Cynllun marcio

I ennill marciau llawn:

1 **(a)** Unrhyw ddau o blith y canlynol: Blawd gwenith wedi'i atgyfnerthu (blawd gwenith, calsiwm carbonad, haearn, niacin, thiamin), ffibr gwenith, emwlsydd: asidau brasterog monoglyseridau a diglyseridau esterau asid tartarig diacetyl.

Fyddwch chi ddim yn ennill marc am unrhyw ateb arall. Fyddwch chi ddim yn ennill marc am sôn am unrhyw gynhwysyn arall a nodir ar y label.

(b) 2 farc am ateb llawn sy'n cynnwys y termau canlynol: prosesu gwenith, bran, colli maetholion wrth brosesu, ailgyflwyno maetholion a gollwyd.

1 marc am wybod bod maetholion yn cael eu hychwanegu, ond heb esbonio pam na sut yn fanwl, os o gwbl.

0 marc am ateb sydd ddim yn sôn am dynnu nac ychwanegu maetholion.

Cwestiwn Dau

2 Rydych chi'n gwneud pasta cyw iâr a madarch pob. Dyma'r prif gynhwysion yn y rysáit:

- brest cyw iâr amrwd
- blawd
- madarch
- menyn
- llaeth
- pasta
- briwsion bara a chaws parmesan i greu topin crensiog

(a) Esboniwch sut byddech chi'n osgoi'r posibilrwydd o wenwyn bwyd wrth:

(i) siopa a chludo'r cynhwysion adref [2 farc]

(ii) paratoi'r cynhwysion ar gyfer y saig [2 farc]

(iii) storio'r saig a'i hailwresogi yn nes ymlaen y noson honno. [2 farc]

(b) Awgrymwch un ffordd o wneud i'r saig edrych yn ddeniadol. [1 marc]

Enghraifft

Ateb marciau uchel

2 (a) (i) Wrth siopa am y bwyd, byddwn bob amser yn edrych ar y dyddiad 'gwerthu erbyn' cyn prynu cyw iâr. Byddwn yn rhoi'r cyw iâr mewn bag oeri i'w gludo adref rhag iddo gynhesu i'r parth peryglus lle gallai bacteria ddechrau tyfu.

Sylwadau

Dyfarnwyd marciau llawn am roi dau bwynt gydag esboniad.

Enghraifft

2 (a) (ii) Wrth baratoi'r cynhwysion ar gyfer y pasta pob, byddwn yn defnyddio cyllell a bwrdd ar wahân i dorri'r cyw iâr amrwd, i atal traws-halogiad, a byddwn yn golchi fy nwylo cyn paratoi'r cyw iâr amrwd, ac ar ôl ei baratoi, i atal traws-halogiad.

Sylwadau

Dyfarnwyd marciau llawn am roi dau bwynt gydag esboniad.

Enghraifft

2 (a) (iii) Wrth storio'r saig, byddwn yn gwneud yn siŵr ei bod wedi oeri'n gyfan gwbl cyn ei gorchuddio a'i rhoi yn yr oergell, ar wahân i unrhyw fwydydd amrwd. Mae hyn yn golygu na fydd y saig yn cael ei gadael yn y parth peryglus, ac ni fyddai bwyd amrwd yn yr oergell yn gallu ei halogi.

Sylwadau

Dyfarnwyd marciau llawn am roi dau bwynt gydag esboniad.

Enghraifft

2 (b) Er mwyn gwneud i'r saig edrych yn ddeniadol, byddwn yn torri'r persli yn fân ac yn ei roi ar y saig cyn ei gweini, a hynny er mwyn cael lliwiau gwrthgyferbyniol ar gyfer yr edrychiad terfynol.

Sylwadau

Dyfarnwyd un marc am roi awgrym addas.

Enghraifft

Ateb marciau isel

2 (a) (i) Wrth siopa, mae angen prynu'r cyw iâr gorau a'i roi yn yr oergell ar ôl cyrraedd adref.

Sylwadau

Dydy'r ateb hwn ddim wedi ennill dim marciau, oherwydd dydy'r myfyriwr ddim wedi rhoi ateb dilys o ran prynu'r cyw iâr, nac wedi sôn am ei gludo adref.

Enghraifft

2 (a) (ii) Wrth baratoi'r cyw iâr, bydd angen i mi olchi fy nwylo i wneud yn siŵr eu bod nhw'n lân.

Sylwadau

Mae'r ateb hwn wedi ennill un marc, oherwydd dim ond un pwynt sydd wedi'i roi.

Enghraifft

2 (a) (iii) Os byddaf yn ailwresogi'r saig, rhaid gwneud yn siŵr mai dim ond unwaith y byddaf yn gwneud hynny, oherwydd bydd y bacteria yn dal i dyfu ar ôl coginio'r saig a'i adael i oeri.

Sylwadau

Mae'r ateb hwn wedi ennill dau farc gan fod y myfyriwr wedi sôn am ailwresogi'r saig unwaith, ac wedi nodi'r rheswm pam.

Enghraifft

2 (b) I wneud i'r saig edrych yn ddeniadol, gallech chi roi tomatos wedi'u sleisio arni cyn ei choginio, i roi mwy o liw.

Sylwadau

Mae'r ateb hwn wedi ennill un marc, gan fod yr awgrym yn addas.

Cynllun marcio

2 (a) Rhowch 1 marc yr un am unrhyw ddau bwynt sy'n cyfeirio at y canlynol:
  (i) ● defnydd pecynnu yn gyfan
       ● dyddiad 'ar ei orau cyn'
       ● edrych yn ffres – madarch heb wywo na phydru
       ● cludo cyw iâr adref mewn bag oeri neu wedi'i lapio ar wahân
  (ii) ● hylendid personol
       ● atal traws-halogiad
       ● defnyddio cyllyll a byrddau torri o liwiau gwahanol
       ● techneg golchi llestri gywir
  (iii) ● aros nes bydd y saig wedi oeri cyn ei rhoi yn yr oergell
       ● gorchuddio'r saig â haenen lynu cyn ei rhoi yn yr oergell
       ● ei rhoi ar silff uchel fel na all cynhwysion amrwd ddiferu dros fwyd sydd wedi'i goginio, na'i halogi
       ● ailwresogi'r saig i dymheredd uchel, am ddigon o amser, i wneud yn siŵr bod y saig yn boeth drwyddi
       ● ailwresogi unwaith yn unig.
  (b) Rhowch 1 marc am un awgrym addas i wneud i'r saig edrych yn ddeniadol. Dyma enghreifftiau posibl:
       ● torri persli'n fân a'i ychwanegu i roi lliw
       ● ychwanegu tomatos wedi'u sleisio cyn ailwresogi'r saig i ychwanegu lliw
       ● gweini gyda garnais salad neu lysiau gwyrdd i ychwanegu lliw gwrthgyferbyniol.

Cwestiwn Tri

3 Mae gofynion egni pawb yn wahanol.

(a) Disgrifiwch y ffactorau sy'n dylanwadu ar faint o egni fydd ei angen ar unigolyn. [6 marc]

(b) Esboniwch beth fydd yn digwydd os bydd anghydbwysedd rhwng faint o egni rydych chi'n ei gael a faint o egni rydych chi'n ei ddefnyddio. [6 marc]

Enghraifft

Ateb marciau uchel

3 (a) Mae nifer mawr o ffactorau'n dylanwadu ar faint o egni sydd ei angen ar unigolyn.

Dyma'r hafaliad sy'n cael ei ddefnyddio i gyfrifo anghenion egni: Cyfradd Metabolaeth Waelodol (*BMR*) x Lefelau Gweithgaredd Corfforol (*PAL*) = Gofyniad Cyfartalog a Amcangyfrifir (*EAR*).

Eich *BMR* yw'r egni sydd ei angen arnoch chi i anadlu, i wneud cemegion, i'ch calon barhau i guro, i organau eraill y corff weithio, i'r gwaed bwmpio ac i'r nerfau weithio.

Eich *PAL* yw lefel yr ymarfer corff rydych chi'n ei wneud, a gall amrywio o lai na 1.4, sef claf sy'n gaeth i'r gwely mewn ysbyty, i 2.4, sef athletwr proffesiynol, fel pêl-droediwr.

Bydd eich *BMR* yn amrywio yn ôl eich oed a'ch rhywedd chi. Bydd *BMR* plentyn ifanc yn llawer is na *BMR* oedolyn, a hynny oherwydd ei faint.

Bydd lefelau *PAL* yn cynyddu wrth i chi wneud mwy o ymarfer corff. Mae'n bosibl cynyddu eich *PAL* drwy symud mwy, er enghraifft drwy gerdded yn lle defnyddio'r lifft. Bydd eich *PAL* hefyd yn dibynnu ar eich gwaith. Bydd gan rywun sy'n eistedd y tu ôl i ddesg neu'n gyrru tacsi drwy'r dydd *PAL* is na rhywun sy'n gweithio yn y diwydiant adeiladu, fel briciwr. Mae hyn yn golygu y bydd angen mwy o egni ar y briciwr, oherwydd bydd ei *EAR* yn uwch, yn ôl yr hafaliad uchod.

Os yw rhywun wedi bod yn wael, neu wedi cael llawdriniaeth, mae'n bosibl y bydd angen mwy o egni arno er mwyn gwella'n iawn, neu i adennill y pwysau y mae wedi'i golli.

Bydd ar rywun sy'n ceisio colli pwysau angen llai o egni, er mwyn rhoi cyfle i'r corff losgi rhywfaint o'r braster dros ben sydd yn y corff fel ffynhonnell egni.

Mae'n bosibl y bydd angen egni ychwanegol ar fenyw feichiog i wneud yn siŵr bod y babi sy'n datblygu'n cael digon o egni i dyfu'n iach. Os bydd menyw yn bwydo o'r fron, bydd angen mwy o egni arni er mwyn cynhyrchu llaeth ar gyfer y babi.

Sylwadau

Cafodd y myfyriwr hwn farciau llawn am ei fod wedi trafod o leiaf pedwar pwynt gwahanol ac wedi rhoi esboniad llawn. Mae wedi cynnwys y dull o gyfrifo'r *EAR*, ac wedi esbonio'r holl dalfyriadau.

Enghraifft

3 (b) Mae gennym gydbwysedd egni pan fyddwn ni'n cael cymaint o egni ag y byddwn ni'n ei ddefnyddio. Bydd hyn yn cynnal pwysau'r corff.

Os bydd rhywun yn cael gormod o egni yn ei ddeiet, bydd yn dechrau magu pwysau, oherwydd bydd yr egni dros ben yn cael ei storio fel braster yn y corff. Bydd yn fwy tebygol o ddatblygu clefydau, er enghraifft problemau cardiofasgwlar fel clefyd coronaidd y galon a strôc. Gall hefyd achosi i lefel colesterol y gwaed godi. Mae cysylltiad hefyd rhwng diabetes Math 2 a gordewdra. Yn y pen draw, mae'n bosibl y bydd yn mynd yn ordew, a bydd yn fwy tebygol o ddatblygu canser a phroblemau â'r coluddyn.

Gallai hyn leihau ei ddisgwyliad oes hefyd.

Mae gan bobl sydd dros bwysau neu bobl ordew lai o egni, ac maen nhw'n llai tebygol o wneud ymarfer corff oherwydd bod ganddyn nhw broblemau symudedd a phroblemau â'u cymalau. Maen nhw'n fwy tebygol o fod â diffyg hunan-barch, ac o fod â chywilydd o'u pwysau. Gallan nhw ddioddef o iselder, a allai arwain at fwyta er mwyn cael cysur, sy'n ychwanegu at y broblem.

Os na fydd rhywun yn cael digon o egni yn ei ddeiet, bydd yn colli pwysau, wrth i'r corff ddechrau llosgi braster sydd wedi'i storio yn y corff i roi egni. Mae perygl y bydd y person yn mynd yn sâl, gan nad yw'n cael y maetholion allweddol sydd eu hangen i gadw'r corff yn iach. Mae'r rhain yn cynnwys protein, braster, carbohydrad, a'r holl fitaminau a mwynau. Os bydd merch gryn dipyn o dan bwysau, gall ei mislif stopio.

Os na fydd rhywun yn cael digon o egni yn ei ddeiet, bydd yn teimlo'n flinedig ac yn swrth. Bydd hefyd yn fwy tebygol o gael haint neu salwch oherwydd lefelau imiwnedd isel.

Os na fydd merch sy'n bwydo o'r fron yn cael digon o egni yn ei deiet, gallai hyn ei hatal rhag cynhyrchu llaeth.

Sylwadau

Mae'r myfyriwr hwn wedi ennill marciau llawn, am ei fod wedi rhoi gwybodaeth am gael gormod o egni, neu ddim digon, ac wedi defnyddio termau arbenigol drwyddi draw yn ei ateb.

Enghraifft

Ateb marciau isel

3 (a) Mae faint o egni sydd ei angen arnoch chi yn newid oherwydd:
- wrth i chi dyfu'n hŷn, byddwch chi'n mynd yn fwy, felly bydd angen i chi fwyta mwy o fwyd sy'n rhoi egni
- mae dynion yn fwy na menywod fel arfer, felly mae angen mwy o egni arnyn nhw
- os byddwch chi'n gwneud llawer o ymarfer corff, e.e. os ydych chi'n athletwr, bydd angen mwy o egni arnoch chi.

Sylwadau

Mae'r myfyriwr wedi ennill 2 farc, am ei fod wedi cynnwys tri phwynt, ar ffurf pwyntiau bwled, ond heb esbonio'r pwyntiau. Nid yw'n sôn o gwbl am *BMR*, *PAL* nac *EAR*.

Enghraifft

3 (b) Os byddwch chi'n bwyta gormod o fwyd, byddwch chi'n magu pwysau ac yn mynd yn ordew. Mae hynny'n golygu y gallwch chi gael pethau eraill fel clefyd y galon. Efallai y bydd pobl yn gwneud hwyl am eich pen chi, felly byddwch chi'n cael llond bol ac yn bwyta mwy. Gall hyn eich gwneud chi'n wirioneddol sâl a gallwch chi ddatblygu rhywbeth fel diabetes.

Os na fyddwch chi'n bwyta digon o fwyd, byddwch chi'n mynd yn deneuach ac yn colli pwysau. Bydd rhai pobl yn mynd yn denau ofnadwy ac yn sâl. Mae eich corff yn llosgi'r braster a byddwch chi'n mynd yn deneuach. Os na fyddwch chi'n bwyta digon o fwyd da, byddwch chi'n mynd yn sâl oherwydd bydd y pethau da ar goll yn eich bwyd.

Sylwadau

Mae'r myfyriwr wedi ennill 2 farc, un am ddweud y byddwch chi'n magu pwysau os byddwch chi'n bwyta gormod, ac un am ddweud y byddwch chi'n colli pwysau os na fyddwch chi'n bwyta digon. Nid yw wedi defnyddio terminoleg arbenigol, a does dim esboniadau llawn.

Cynllun marcio

3 (a) a (b)	
Ymateb lefel uchel (5–6 marc)	Mae'r ymgeisydd yn cyflwyno ateb cytbwys sy'n ymwneud yn uniongyrchol â'r cwestiwn. Mae'n sôn am bedwar pwynt gwahanol gan roi esboniadau a defnyddio termau arbenigol. Mae'r sillafu, yr atalnodi a'r gramadeg yn gywir ac mae'r brawddegau yn strwythuredig.
Ymateb lefel ganolig (3–4 marc)	Mae'r ateb yn cynnwys termau arbenigol a brawddegau strwythuredig ar y cyfan, ac mae'r sillafu, yr atalnodi a'r gramadeg hefyd yn gywir ar y cyfan. Mae'r ymgeisydd yn trafod o leiaf tri phwynt yn fanwl, ac i ryw raddau, mae'n cyfiawnhau'r atebion ac yn rhoi rhesymau drostyn nhw.
Ymateb lefel isel (0–2 farc)	Mae'r ymgeisydd yn cyflwyno'r wybodaeth ar ffurf pwyntiau bwled neu restr. Mae'n sôn am ddau bwynt o leiaf. Mae'n cynnig rhywfaint o wybodaeth sylfaenol i ategu gosodiadau. Mae gwallau sillafu, atalnodi a gramadeg yn yr ateb.

3 (a)	**Dyma rai ffactorau y gallech chi sôn amdanyn nhw:** ● *Oed* – anghenion gwahanol ar adegau gwahanol o'ch bywyd. Mae'n bosibl cysylltu hyn â *BMR* (yr egni sy'n cael ei ddefnyddio pan fydd person yn gorffwys a chyn cymhwyso lefelau gweithgarwch). Os yw'r *BMR* yn uwch, mae angen lefel uwch o egni. ● *Rhywedd* – mae angen mwy o egni ar ddynion na menywod. ● *Galwedigaeth* – os yw person yn gwneud gwaith corfforol, bydd angen mwy o egni arno. ● *Lefelau PAL* (drwy ddiffinio *PAL*, byddwch chi'n dangos eich bod chi'n gwybod bod *PAL* yn cynyddu wrth i weithgarwch corfforol gynyddu). ● *Gwybodaeth am EAR* (a'r hafaliad sy'n cyfrifo *EAR*). ● *Ymarfer corff* – fel arfer, y mwyaf o ymarfer corff rydych chi'n ei wneud, y mwyaf o egni sydd ei angen arnoch chi. ● *Salwch* – mae angen egni i dyfu, i atgyweirio'r corff ac i frwydro yn erbyn heintiau. ● *Beichiogrwydd* – mae angen mwy o egni er mwyn darparu ar gyfer y ffoetws sy'n tyfu. ● *Bwydo o'r fron* – mae angen egni i ddarparu llaeth ar gyfer y babi, ac efallai y bydd y ferch yn fwy gweithgar yn gorfforol.
3 (b)	**Dyma rai ffactorau y gallech chi sôn amdanyn nhw:** *Os cewch chi ormod o egni, gall hyn arwain at y canlynol:* ● perygl cynyddol o fod dros bwysau/mynd yn ordew/dioddef clefyd coronaidd y galon/problemau gyda'r galon/diabetes/rhai mathau o ganser ● llai o hunan-barch ● llai o egni i wneud pethau/teimlo'n swrth/methu canolbwyntio/diffyg brwdfrydedd ● gallai diffyg maetholion penodol arwain at ddiffygion fel y llech ● disgwyliad oes byrrach os ydych chi dros bwysau neu'n ordew. *Os na chewch chi ddigon o egni, gall hyn arwain at y canlynol:* ● colli pwysau a lefelau egni yn gostwng/teimlo'n flinedig/llai cynhyrchiol/ddim digon o egni i wneud y pethau y mae angen eu gwneud ● mwy o berygl o gael haint ● peidio a chael y maetholion cywir – perygl o ddiffygion fel anaemia ● mislif yn stopio ● perygl i fenywod sy'n bwydo o'r fron stopio cynhyrchu llaeth, neu gynhyrchu llai ohono (sy'n niweidiol i'r babi – llai o faetholion/gwrthgyrff) ● perygl o eni babi â phwysau isel.

Cwestiwn Pedwar

4 Mae labeli bwyd yn rhoi gwybodaeth i gwsmeriaid.

(a) Nodwch bedwar darn o wybodaeth sy'n ofynnol eu cynnwys ar labeli bwyd yn ôl y gyfraith, ac esboniwch pam mae angen pob eitem. [8 marc]

(b) Mae llawer o fwydydd yn cynnwys ychwanegion. Rhowch dri rheswm pam mae ychwanegion yn cael eu rhoi mewn bwyd. [3 marc]

(c) Trafodwch a yw ychwanegion yn gwneud lles i ni neu'n ein niweidio ni, gan roi enghreifftiau a rhesymau dros eich dadleuon o blaid ac yn erbyn. [6 marc]

Enghraifft

Ateb marciau uchel

4 (a) Mae'r llywodraeth wedi deddfu bod rhaid cynnwys gwybodaeth benodol ar ddefnydd pecynnu bwyd, a hynny er mwyn rhoi gwybodaeth i ddefnyddwyr wneud dewis rhesymegol a diogel.

Mae pedwar darn o wybodaeth sy'n ofynnol yn ôl y gyfraith yn cynnwys, yn gyntaf, enw a chyfeiriad y cwmni sydd wedi cynhyrchu'r bwyd. Os oes unrhyw broblem gydag ansawdd y cynnyrch, os bydd corffynnau estron fel metel neu wallt yn y cynnyrch, neu os bydd y cynnyrch yn achosi salwch, bydd y defnyddiwr yn gwybod â phwy i gysylltu i gwyno am y cynnyrch.

Rhaid rhestru'r holl gynhwysion yn ôl eu pwysau, o'r trymaf i'r ysgafnaf. O ganlyniad, gall y defnyddiwr weld beth sydd yn y bwyd rhag ofn bod ganddo alergedd i unrhyw gynhwysyn, neu rhag ofn nad yw am brynu'r cynnyrch am reswm arall (er enghraifft, mae'n cynnwys siwgr, ac mae'r unigolyn yn ceisio colli pwysau).

Rhaid cynnwys cyfarwyddiadau storio, er enghraifft 'i'w storio yn yr oergell nes bydd ei angen'. Pe bai'n cael ei storio'n anghywir, gallai'r bwyd fynd yn ddrwg, a gallai'r defnyddiwr fynd yn sâl o ganlyniad i fwyta'r bwyd sydd wedi'i halogi. Cyfrifoldeb y gwneuthurwr fyddai hynny os na fyddai wedi dweud wrth y defnyddiwr am roi'r bwyd yn yr oergell.

Rhaid cynnwys gwybodaeth am alergenau, ac mae'r alergenau y mae'n rhaid eu cynnwys i'w gweld ar restr gan y llywodraeth. Mae'r rhestr yn cynnwys cnau, sy'n gallu peryglu bywyd os bydd rhywun yn cael adwaith alergaidd difrifol o'r enw sioc anaffylactig. Bryd hynny, bydd y gwddf yn chwyddo ac yn atal y person rhag anadlu.

> **Sylwadau**
>
> Mae'r myfyriwr wedi ennill yr 8 marc llawn am ei fod wedi rhestru ac esbonio'n llawn bedwar darn o wybodaeth y mae'n rhaid eu cynnwys ar labeli bwyd yn ôl y gyfraith.

Enghraifft

4 (b) Mae ychwanegion yn cael eu rhoi mewn bwyd am sawl rheswm.

Dyma dri o'r rhesymau; fel cyffeithydd. Mae hyn yn golygu y bydd yr ychwanegyn yn ymestyn oes silff y cynnyrch, drwy atal micro-organebau fel bacteria, llwydni a gweithgaredd ensymau rhag tyfu a difetha'r bwyd.

Mae ychwanegion hefyd yn cael eu defnyddio i wella a chryfhau'r blas. Mae'r rhain yn cael eu hychwanegu i wneud y bwyd yn fwy blasus, neu i ychwanegu blas sydd wedi'i golli wrth brosesu'r bwyd.

Ychwanegyn arall yw cyfansoddyn lliw. Mae'n cael ei ychwanegu i wneud i'r bwyd edrych yn fwy deniadol, er enghraifft jeli coch, neu i ychwanegu lliw sydd wedi'i golli wrth brosesu'r bwyd. Er enghraifft, byddai pys tun yn llwyd ar ôl eu prosesu, felly mae'r lliw gwyrdd yn cael ei roi yn ôl fel ychwanegyn, gan na fyddai pobl yn bwyta pys llwyd.

> **Sylwadau**
>
> Mae'r myfyriwr wedi ennill 3 marc, am ei fod wedi rhestru tri ychwanegyn gwahanol ac wedi rhoi rhesymau dros eu cynnwys mewn cynnyrch.

Enghraifft

4 (c) Mae manteision ac anfanteision i ychwanegion.

Un fantais yw eu bod nhw'n rhoi mwy o ddewis i'r defnyddiwr. Os yw'r person am brynu ffrwythau i'w defnyddio mewn tri diwrnod, gan na fydd ganddyn nhw ddigon o amser i'w prynu bryd hynny, gall y person brynu ffrwythau a fydd yn aros yn ffres tan hynny. Bydd cyffeithydd yn y pecyn ar ffurf sticer bach sy'n helpu i gadw'r ffrwyth yn ffres am gyfnod hirach. Mae hyn yn rhoi mwy o ddewis o fwyd i ddefnyddwyr drwy gydol y flwyddyn.

Mantais arall yw bod ychwanegion sy'n cryfhau blas bwyd yn gwneud y cynnyrch yn fwy blasus, sy'n ei wneud yn fwy deniadol i'r defnyddiwr. Wrth brosesu bwyd, weithiau mae'n colli'i flas, felly gall ychwanegion roi'r blas yn ôl i greu cynnyrch mwy blasus. Mae hyn yn gwella neu'n adfer nodweddion gwreiddiol y cynnyrch. Drwy ychwanegu cyflasau, mae hefyd yn bosibl creu cynnyrch gwahanol, fel creision â blas gwahanol.

Mantais arall yw defnyddio sefydlogyddion ac emwlsyddion sy'n gwneud i gynhwysion sydd ddim yn cymysgu gyda'i gilydd fel arfer, fel olew a dŵr, aros gyda'i gilydd mewn emwlsydd. Er enghraifft, fydd mayonnaise ddim yn gwahanu mewn jar. Mae hyn yn gwneud y cynnyrch yn fwy deniadol i'r defnyddiwr. Mae emwlsyddion yn gwneud i fwyd flasu'n hufennog ac yn llyfn hefyd, ac weithiau gallan nhw ymestyn oes silff y cynnyrch.

Yn olaf, mae lliwiau'n cael eu hychwanegu at gynnyrch i'w gwneud yn fwy lliwgar a deniadol, neu i ychwanegu lliwiau ar ôl eu colli wrth brosesu'r cynnyrch. Mae hyn yn golygu bod y defnyddiwr yn cael mwy o fwynhad wrth fwyta'r cynnyrch. Mae hyn yn gwella neu'n adfer nodweddion gwreiddiol y cynnyrch.

Anfanteision defnyddio ychwanegion yw eu bod nhw'n gallu achosi adwaith alergaidd, fel brech ar y croen.

Anfantais arall yw bod gorddefnyddio ychwanegion yn gallu cuddio cynhwysion o safon isel, a gwneud i'r cynnyrch edrych yn well nag ydyw go iawn. Does dim rhaid i 'flas ffrwythau' gynnwys unrhyw ffrwyth o gwbl, er enghraifft.

Yn olaf, mae rhai o'r lliwiau sy'n cael eu defnyddio fel ychwanegion yn gallu achosi gorfywiogrwydd mewn plant. Mae hyn yn amlwg yn broblem.

> **Sylwadau**
>
> Mae'r myfyriwr wedi ennill y 6 marc llawn yma am ei fod wedi cyflwyno set o fanteision ac anfanteision, ac wedi rhoi rhesymau ardderchog am bob pwynt.

Enghraifft

Ateb marciau isel

4 (a) Dyma ddarnau o wybodaeth yn ôl y gyfraith:
- gwybodaeth am alergenau os oes gennych alergedd i rywbeth
- rhestr o gynhwysion er mwyn i bobl gael gwybod beth sydd yn y bwyd
- sut i'w goginio.

> **Sylwadau**
>
> Mae'r myfyriwr hwn wedi ennill 3 marc am ei fod wedi rhestru tri darn o wybodaeth, ond nid yw wedi rhoi unrhyw esboniad.

Enghraifft

4 (b) Mae ychwanegion yn cael eu defnyddio i liwio bwyd, i wneud iddo edrych yn well, blasu'n well a phara'n hirach.

> **Sylwadau**
>
> Mae'r myfyriwr hwn wedi ennill 1 marc am restr syml heb unrhyw esboniadau ychwanegol.

Enghraifft

4 (c) Manteision ychwanegion:
- cadw bwyd yn ffres am gyfnod hirach felly mae'n bosibl ei storio am gyfnod
- gwneud iddo flasu'n well ac edrych yn neis felly mae'n well i'r person sy'n ei fwyta
- mae'n bosibl eu defnyddio i gymysgu bwydydd fel dresin salad.
Anfanteision:
- gall ychwanegion achosi gorfywiogrwydd mewn plant.

> **Sylwadau**
>
> Mae'r myfyriwr hwn wedi ennill 2 farc am restr syml heb unrhyw esboniadau.

Cynllun marcio

4 (a)	Gallai atebion gynnwys:
	- cynhwysion: wedi'u rhestru yn ôl pwysau, o'r trymaf i'r ysgafnaf - dyddiadau 'ar ei orau cyn'/'defnyddio erbyn'/'gwerthu erbyn' - enw'r cynnyrch - cyfarwyddiadau coginio os oes angen - cyfarwyddiadau storio - gwybodaeth am alergenau: mae'r llywodraeth wedi cyhoeddi rhestr o'r alergenau y mae'n rhaid eu rhestru - enw a chyfeiriad y gwneuthurwr - gwlad tarddiad/cynhyrchu - gwybodaeth am bwysau/maint - rhif lot y bwyd er mwyn gallu olrhain ei darddiad os yw wedi'i fewnforio o'r tu allan i'r UE - rhybudd os oes cynhwysion wedi'u haddasu'n enynnol wedi'u defnyddio - rhybudd os yw'r cynnyrch wedi'i arbelydru *(irradiated)* - y geiriau 'wedi'i becynnu mewn atmosffer wedi'i addasu' *(packaged in a modified atmosphere)* os cafodd nwy penodol ei ddefnyddio i'w becynnu - unrhyw rybuddion angenrheidiol: mae gan y llywodraeth restr o gemegion a chynhwysion sy'n galw am rybudd ar ffurf geiriad penodol.

Marciau i'w dyfarnu	**Ymateb lefel uchel (7–8 marc)** Mae'r ymgeisydd wedi sôn am bedwar pwynt ac wedi esbonio pob pwynt yn llawn, gan ddefnyddio brawddegau strwythuredig yn hytrach na phwyntiau bwled. Mae wedi defnyddio termau penodol yn briodol mewn ateb cytbwys sydd wedi'i gyflwyno'n dda. **Ymateb lefel ganolig (3–6 marc)** Mae'r ymgeisydd wedi sôn am o leiaf tri phwynt ac wedi esbonio pob pwynt yn rhesymegol, gan ddefnyddio brawddegau strwythuredig ar y cyfan. Mae wedi defnyddio rhai termau arbenigol. **Ymateb lefel isel (0–2 farc)** Mae'r ymgeisydd wedi cynnwys o leiaf dau ateb, o bosibl ar ffurf pwyntiau bwled, gyda rhywfaint o esboniad. Does dim termau arbenigol yn cael eu defnyddio.
4 (b)	Un marc am bob ateb cywir o blith y canlynol: ● fel cyffeithydd i ymestyn oes silff y cynnyrch ● i ychwanegu at y blas, neu ei gryfhau, i wella sut mae bwyd yn blasu neu i ychwanegu blas a gafodd ei golli yn ystod y broses gynhyrchu ● fel sefydlogyddion ac emwlsyddion i helpu bwydydd i gymysgu â'i gilydd a'u hatal rhag gwahanu wrth storio'r cynnyrch, ac i roi gwead llyfn a hufennog i fwydydd, neu i ymestyn eu hoes silff ● i ychwanegu lliw er mwyn gwneud i'r bwyd edrych yn fwy deniadol, i gryfhau lliw neu i ychwanegu lliw a gafodd ei golli yn ystod y broses gynhyrchu. Rhowch un marc am restr syml heb unrhyw esboniadau.
4 (c)	Gallai atebion gynnwys: Manteision: ● rhoi dewis eang o fwydydd i ddefnyddwyr ● cadw bwydydd yn ddiogel am gyfnod hirach ● gwella lliw/blas y bwyd ● adfer lliw/blas/maetholion gwreiddiol ● cynhyrchu blas penodol, e.e. mewn creision ● creu effaith benodol, fel teimlad llyfn, hufennog yn y geg. Anfanteision posibl: ● gallwch chi ddefnyddio ychwanegion i guddio cynhwysion o safon isel ● gallan nhw achosi adwaith alergaidd, e.e. brech ar y croen ● gall rhai ychwanegion achosi gorfywiogrwydd.
Marciau i'w dyfarnu	**Ymateb lefel uchel (5–6 marc)** Mae'r ymgeisydd yn cyflwyno ateb cytbwys sy'n ymwneud yn uniongyrchol â'r cwestiwn. Mae wedi cynnwys pwyntiau am fanteision ac anfanteision ychwanegion. Mae rhesymau da dros yr atebion a'r syniadau. Mae amrywiaeth eang o dermau arbenigol yn cael eu defnyddio'n gywir. Mae'r ymgeisydd yn dangos ei fod yn gallu defnyddio sillafu, atalnodi a gramadeg cywir. Mae'r ymateb wedi'i gyflwyno'n dda ac mewn brawddegau strwythuredig drwyddi draw. **Ymateb lefel ganolig (3–6 marc)** Mae'r ymgeisydd yn defnyddio brawddegau strwythuredig ar y cyfan, ac yn trafod y manteision a'r anfanteision. Mae'n defnyddio termau arbenigol yn gywir. Mae'r ymgeisydd yn cynnig rhywfaint o gyfiawnhad a rhesymau dros ei atebion. Mae rhai gwallau sillafu, atalnodi a gramadeg. **Ymateb lefel isel (0–2 farc)** Mae'r ymgeisydd yn cynnwys o leiaf dwy fantais a dwy anfantais, o bosibl ar ffurf pwyntiau bwled, gan roi rhywfaint o esboniad. Does dim termau arbenigol yn cael eu defnyddio.